베터 댄 베스트

베터 댄 베스트

최고가 되기보다 어제보다 성장하려는
가치가 중요해지고 있다

이 중 학   지 음

클라우드나인
CLOUD 9

살해당한 '일의 의미'를 다시 살려내자!

전영민, 롯데벤처스 대표이사

태초에 애덤 스미스가 이런 사달을 창조하셨습니다.

나름 당대 인류가 봉착했던 '먹고사니즘'을 해결하려는 위대한 걸음이었습니다. 시간이 흐르고 그의 열렬한 사도였던 테일러와 포드가 가치를 창조하는 '의미가 있는 일'을 가로로 세로로 날카롭게 조각내어 개인에게 맡기고 계량적 평가와 관리시스템을 도입했습니다. 애덤 스미스의 예언대로 생산성은 폭발했고 상품은 넘쳐났으며 거대한 기업도 작동이 가능하게 되었습니다. 그리고 '일'을 통해 가치를 만들어내고 공동체에 공헌한다는 성취감과 의미는 에덴동산처럼 우리에게 영영 멀어져갔습니다.

성질부리다가 자기가 창업한 애플에서 쫓겨났던 스티브 잡스가 11년 만에 돌아왔습니다. 직원들은 신화적인 창업자의 복귀를 열렬히 환영했으나 그 즉시 근무시간은 폭발적으로 늘어났고 근무 강도는 하늘을 뚫었습니다. 성질만은 어디로 가지 않아서인지 여전히 짜증을 내고 변덕을 부렸습니다. 하지만 놀랍게도 직원들의 퇴사율이 폭락했습니다. 어찌, 이런 일이!

잡스는 직원들에게 세 가지를 집요하게 물었습니다. "당신이 하는 일이 뭔가?" 그래서 "그 일이 애플에 어떻게 기여하는가?" 그리고 "그 일을 언제까지 끝내야 하는가?" 그 즉시 대답을 하지 못하면 박살 나게 깨졌습니다. 한번은 우연히 엘리베이터를 같이 탄 직원에게 그 질문을 했는데 잡스의 기에 눌린 간 작은 그 직원이 '어버버'하다가 대답을 못했습니다. 잡스는 엘리베이터 문이 열리기도 전에 그에게 해고를 선언했습니다. 해고를 하는 그 순간에 잡스는 그 직원이 얼마나 중요한 일을 하는지, 그 일을 얼마나 잘하는지, 얼마나 큰 성과를 내고 있는지에 대해 전혀 몰랐습니다. 하지만 그는 해고를 당해도 싼, 불 보듯 선명한 '대죄'를 짓고 있었습니다. 자신이 무엇을 하고 있는지를 모른다는 '대죄' 말입니다. 엘리베이터 안의 그 짧은 시간에 질문하고, 어버버하고, 해고하기까지가 다 이뤄졌습니다.

그 즉시 전사에 소문이 퍼졌고 직원들은 마우스를 딱 놓고 종이와 펜을 꺼냈습니다. 그리고 치열하게 고민하기 시작했습니다. 내가 하는 일이 무엇인지, 그게 애플에 어떻게 기여하는지, 언제까지 그걸 끝내야 하는지에 대해서 말입니다. 사내에서 언제라도 부딪칠 수 있는 잡스에게 조건반사적으로 대답할 수 있도록 머릿속에서 계속 되뇌었겠지요. 그리고 회사의 생산성과 직원들의 만족감은 상승하기 시작했습니다. 지금 내가 하고 있는 '이 짓'을 왜 하고 있는지를 생각하게 되었으니까요. 애덤 스미스와 그의 사도들이 죽여버린 '일의 의미'가 그렇게 부활했습니다.

심리학자들은 인간이 의미와 재미에 목을 맨다고 합니다. 내가 땀 흘려 하는 일이 세상에 어떻게 기여하는지를 알고 그 결과를 내 눈으로 보며 의미를 느끼는 게 '일하는 인간'의 핵심이었는데 분업 이라는 도구가 풍요를 완성하기 위해 그걸 희생시켰던 겁니다.

그 옛날 신발 장인은 자신이 만든 신발을 신은 사람들을 보면서 성취감을 느꼈을 겁니다. 그런데 그 고객이 그 신발을 명품으로 여 기며 애지중지하는 모습까지 보이면? 뇌 속에서 도파민이 터져나 와 지랄발광을 하겠지요. 그런데 일을 발기발기 갈라놓은 현대의 기업에서 그런 의미를 찾기는 정말 어렵습니다. 그렇게 일의 의미 란 게 실종되니 다른 것에서 만족을 찾으려듭니다. 『성경』에도 나 오는 맘몬mammon이라는 악마가 '의미'의 빈자리를 점령하기 시작 했습니다. 돈의 신입니다. 모두가 작년보다 더 인상된 맘몬, 친구나 동료보다 더 많은 맘몬이 일할 동기를 부여하는 핵심적 방법이 되 어버렸습니다. 천박함의 시대가 그렇게 열렸습니다. 혹자들은 재 미같이 부수적인 걸 제공해서 '동기 부족 사태'를 무마하려 합니 다. 실리콘밸리의 스타트업 사무실에서 흔히 보이는 놀이기구나 먹을거리들로 가득한 피터팬의 네버랜드 모습 말입니다. 하지만 그게 우리가 왜 출근하는지, 왜 이 일을 하는지를 설명해주지는 못 합니다. 하루 분량의 노동과 하루 분량의 임금을 교환하는 작금의 거래적 상태가 고대의 노예와 어떤 점에서 다를 수 있을까요?

"애플은 우주에 흔적을 남기는 일을 한다."라고 잡스는 선언했습니다. 그리고 진짜 우주에 흔적을 남길 정도로 엄청난 변화를 우리에게 선사했습니다. 그리고 지속적으로 물었지요. "우주에 흔적을 남기는 우리의 '위대한 일'에 당신은 어떻게 기여하고 있는가?" 잡스는 애플의 직원들이 그 위대한 일에 함께하는 일원이라는 사실을 깨닫고 자신의 일상에서 의미를 느끼기를 간절히 희구했습니다. 도심의 가장 핫한 공간을 골라 끝내주는 인테리어로 포장하고 그들이 만든 명작을 전시하는 그들의 사원寺院, 애플스토어! 그게 과연 고객만을 위한 걸까요? 신제품을 구매하기 위해 밤새 줄을 서는 애플빠 신도들을 직원들에게 보여주며 "당신들이 하고 있는 그 일이 이런 거다!"를 보여주는 극장으로 보이지는 않으신지요? 그리고 아이에게 또 가족에게 "저거 만드는 데 내가 어떻게 기여했다."라며 연신 자랑질을 하겠지요.

괴팍한 잡스와 함께하는 건 고역이지만, 그와 함께라면 평범한 나도 세상을 바꾸는 일에 기여할 수 있다는 의미를 즐겼을 겁니다. 의미가 생기니까 밤을 새우면서도 재미를 느끼는 겁니다.

애덤 스미스가 선포한 복음을 테일러와 포드가 세상에 현실화한 지 100년이 넘었습니다. 세상은 놀랍도록 풍요로워졌지만 그 이면에는 모두가 단독자單獨者가 되어 노동으로부터 소외되고 우울함에 푹 절어 있는 우리 모두에게는 '불행'이 존재합니다. 이제는 그 소외와 외로움을 치유할 방법을 찾아야 할 때입니다. 그 사이에 빠르게 성장해서 어떤 정부보다 힘이 강해져버린 기업들이 해결자가 되어야겠지요. 이제는 모든 리더가 스토리텔러가 되어 비어버린 그 부분을 맘몬-돈으로 채우는 천박함을 끝내야 할 것 같습니다.

일제강점기를 버티어 내신 할아버지는 머슴살이로 삶을 시작하셨답니다. 아이들만은 자기가 소유한 땅에서 농사짓기를 원하셨다고 하네요. 한국전쟁과 경제성장기를 겪으신 아버지는 양계업과 축산업을 겸하시면서 집안에서 최초로 대학을 졸업한 아들을 키워내셨지요. 자신은 몸으로 일했지만 아이들만은 머리를 쓰는 '근사한 일'을 하길 원하셨습니다. 그리고 문제의 그 아이인 저는 부모 세대에는 존재하지도 않았던 대기업이란 데를 들어왔습니다. 그런데 하필 평생직장과 종신고용이 십계명 이상으로 강건하던 시절이었습니다. 이직? 그건 배신과 배반을 넘어 매국노였지요. 이젠 석기 시대의 돌도끼같이 느껴지지만 그땐 그랬습니다.

그리고 이제는 정당한 몸값을 추구하며 옮기는 이직이 가치중립적으로 평가되고 은근히 권장되기까지 하는 세상이지요. 스카우트 제의를 자주 받지 못하면 무능하다는 느낌마저 드는 묘한 세상입니다. 게다가 좋은 아이디어와 탁월한 기술을 갖추고 있으면 벤처캐피털이 이제 '월급노예' 그만두고 큰 꿈을 실현하라고 대놓고 꼬시는 세상이 되었습니다. 꼰대 세대인 제가 지금 꼬시는 '그 짓'을 하고 있습니다. '고용하는 사람'과 '고용되는 사람'의 관계가 그렇게 평평하게 바뀌었습니다. 인공지능이 일자리를 위협한다는 미래는 또 어떻게 바뀔까요? 일과 일자리는 고정되어 있지 않습니다. 늘 변화하고 바뀌어왔고 바뀌어갈 겁니다.

카카오톡에 제 아들의 이름은 '나보다 나은'으로 저장되어 있습니다. 나보다 더 나은 삶을 살기를 바라는 아버지의 간절한 소망이지요. 제가 살아보니 이런 게 저만의 심정이 아니었습니다. 세상과 일자리가 좋아질 겁니다. 세상의 모든 부모가 저와 같은 심정일 텐데 세상이, 일자리가 어찌 안 바뀌고 버티겠습니까!

이중학 교수는 제가 롯데인재개발원장이던 시절에 함께했던 동료입니다. 쉴 없이 공부하고 생각하는 걸 멈추지 않는, 그래서 하루하루 일을 통해 '성장'하는 다소 기묘하고(?) 매우 존경스러운 후배였지요. 30년 넘게 한 직장을 다닌 저와는 다르게 새로운 기회를 찾아 과감하게 도전하는 '나보다 나은' 세대이기도 하고요. 사실 많이 부럽습니다. 그가 오랜 경험과 축적된 공부, 깊은 생각을 적절하게 발효시켜 우리의 일자리에 관한 책을 냈습니다. 정말 반갑습니다.

그나저나 일하는 자의 천국은 언제나 우리에게 허락될까요?

이런 주제에 관심이 있어서 이 책을 집어 든 여러분이나, 쓸데없는 소리를 길게도 쓰고 있는 저나, 많은 고민을 하고 있는 이중학 교수나 같은 생각을 하고 있을 겁니다. 그 천국으로 한 걸음 더 가까이 가자는 생각 말입니다. 세상이 바뀌기는 할 겁니다. 여러분과 저와 이중학 교수의 간절함이 있으니까 말입니다.

이 사달을 창조하신 애덤 스미스가 가장 먼저 쓴 책이, 그리고 묘비에 새겨달라고 부탁까지 한 책이 『국부론』이 아니라 『도덕감정론』이었다는 걸 생각하면 우리는 너무 먼 길을 둘러 온 게 아닌가 싶습니다.

코로나19와 챗GPT가 일과 직장을 바꾸었다

잠시 달리기 시합 중이라 가정해보죠. 열심히 뛰어 당신은 2등을 제쳤습니다. 자, 이제 당신은 몇 등인가요? 필자는 이 질문에 1등이라고 답했습니다. 그런데 잠시만 생각을 다시 해보면 2등을 제쳤기 때문에 제 순위는 2등임을 알 수 있습니다. 그렇다면 왜 저는 1등이란 답을 냈을까요? 제 머리는 최소의 에너지로 최적의 결과를 내려다 보니 인지적 지름길을 선택했고 '2등보다 앞이면 1등!'이라고 답한 것이죠.[1]

행동경제학의 거두 대니얼 카너먼의 표현으로는 시스템 1 사고라고 불리는 이 현상은 직관적이고 빠른 판단에 유리합니다. 시스템 1 사고는 여러 다양한 경험을 한 사람에게 자주 나타나는 효율적인 방식입니다. 여러 경험에 근간해서 빠르게 의사결정을 내릴 수 있는 것이죠. 그러나 우리가 살아가는 현재 세상은 과거와는 다른 모습을 띠고 있습니다. 코로나19를 겪으면서 우리 삶의 모습이 크게 바뀌었고, 챗GPT를 포함한 인공지능 상용화로 다가올 미래 모습이 어떨지 더욱 불확실해졌습니다.

이처럼 질적으로 다른 변화가 있는 상황에서는 느린 사고법인 시스템 2 사고 혹은 애덤 그랜트가 주장하는 과학적 사고가 더욱 효과적입니다. 시스템 2 사고든 과학적 사고든 현재 경험하고 있는 상황을 다른 각도로 이해하려 노력하고 근거에 기반해서 생각하려는 노력입니다. 이 책은 코로나19와 챗GPT가 바꾼 우리 직장 생활을 시스템 2 사고로 이해하려는 노력에서 기획되었습니다. 지난 10년간 한국의 직장인이 남긴 여러 데이터와 관련 연구를 통해서 일, 사람, 관계의 의미 변화를 살펴보며 변하고 있는 일과 직업의 미래에 우리가 어떻게 대응할지 함께 논의하고자 합니다.

연초가 되면 우리는 수많은 트렌드 서적을 접하게 됩니다. 트렌드 서적은 늘 많은 사람의 관심을 끌고 높은 판매량을 기록합니다. 그런데 왜 이토록 많은 사람이 트렌드 서적에 관심을 가질까요? 아마도 다가올 미래가 궁금하기 때문일 것입니다. 전문가라 불리는 여러 사람이 내다보는 미래를 미리 알아서 적절하게 준비하고자 하는 긍정적인 의도도 함께 발현된 결과일 것입니다. 필자 역시 미래를 주제로 이 책을 쓰지만 기존 트렌드 서적과는 다른 결을 추구합니다.

가령 2024년 일하는 방식의 트렌드에 대해 챗GPT에게 물어보면 "대면근무로의 회귀" "생성형 인공지능 도입" 등 구체적인 답을 줄 것입니다. 이런 구체적인 답변을 필자는 바다의 파도에 비유합니다. 챗GPT를 포함한 인공지능은 학습한 여러 데이터를 가지고 확률적으로 2024년 일하는 방식과 가장 관련성이 높은 단어를 결과물로 내놓습니다.

　그러나 우리가 알고 싶은 미래는 과거 데이터를 정리해서 관련성이 가장 높은 것을 우선순위에 따라서 뽑는 수준은 아닐 것입니다. 필자는 미래를 내다보기 위해서는 파도보다는 파도를 일으키는 힘을 알아야 한다고 생각합니다. 미래 우리의 직장생활을 만드는 큰 힘은 일, 직업, 사람, 그리고 환경에 대한 사람들의 가정assumption입니다. 파도는 지구의 중력, 자전 작용, 바람이라는 동력에 의해서 생겨납니다. 그렇듯이 직장생활에서 큰 힘은 "왜 일하는가?" "나와 상사의 관계는 어떻게 정의되는가?" "우리는 언제 만족하는가?" "어떤 환경에서 우리는 긍정적 감정을 느끼는가?" 등 일, 직업, 사람, 환경에 대한 근본적인 믿음입니다. 이런 기본 가정과 믿음에 대해 여러 데이터를 살펴보고 관련 연구를 해석해서 미래 방향성을 알아보고자 합니다.

　미래의 변화 방향을 알 수 있다면 그에 맞춰서 준비할 수 있습니다. 애덤 그랜트는 저서 『히든 포텐셜』에서 우리는 성장을 위해 매 순간 최선을 다하는데 돌이켜보면 어디로 가는지 명확하지 않은 채 달리는 경우가 많다고 합니다.[2] 노력과 시도가 성장으로 이어지기 위해서는 진척도를 알 수 있도록 방향과 목표가 명확해야 합니다. 그런 측면에서 데이터와 알고리즘은 큰 방향의 줄기를 잡아주는 데 도움이 됩니다. 2016년 이후 유행한 빅데이터와 최근 생성형 인공지능이 상용화되면서 데이터로 미래를 예측할 수 있을 것이라 소망합니다. 그러나 데이터는 미래를 예측하지 못합니다. 머신러닝, 딥러닝, 인공지능 등 여러 형태의 컴퓨터 알고리즘은 과거 데이터를 학습해서 일정 패턴을 파악한 후 미래 방향성을 제시할 뿐입니다. 학습한 데이터가 과거이기 때문에 미래를 실제로 예측해서 맞춘 것은 없으며 분석 결과 역시 큰 방향성을 확률로 제시할 뿐이죠.

분명한 것은 미래 방향성은 인간의 판단보다 기계의 판단이 정확도에서 훨씬 우수하다는 점입니다. 이에 이 책에서는 기계의 판단의 힘을 데이터와 알고리즘으로 빌리고 필자가 가진 경험과 사례로 미래 방향성을 제시하고자 합니다. 이는 자신에게 감춰진 잠재력을 끌어내기 위한 첫 번째 노력이기 때문입니다. 구체적으로 지난 10년간 한국 직장인 약 22만 명이 남긴 소셜 네트워크 데이터를 통해서 언제 만족하고 불만족했는지를 숫자 데이터와 텍스트를 통해 알아보고자 합니다. 특히 10년간의 변화를 분석함으로써 직장생활에 가장 만족과 불만족을 준 요소가 무엇인지 살펴볼 것입니다.

또한 직장생활에서 주요한 요소인 급여, 조직문화, 리더, 일과 삶의 균형(워라밸), 승진과 관련된 데이터의 변화량을 시간 흐름에 따라 살펴보고 직장생활의 만족에 미치는 영향도 함께 논의합니다. 관련 논의에서는 최근 국내뿐만 아니라 해외에서 발표된 여러 데이터(예: 실리콘밸리 기업 직원 리뷰와 관련 연구 등)와 연구를 통해서 원인과 향후 방향성도 살펴봅니다. 이를 통해 지금 우리에게 급여가 더 중요해졌는지, 구글이나 넷플릭스나 애플과 같은 실리콘밸리 기업의 조직문화는 진짜로 수평적인지, 정말 우리는 상사 때문에 일을 그만두는지, 일과 삶의 균형이 좋을수록 우리 삶의 만족도도 올라가는지, 왜 최근 국내 기업에서 승진 거부 현상이 벌어지는지 등을 이야기합니다.

다음으로 코로나19와 챗GPT 출현이 우리 삶의 질적 변화에 어떤 영향을 미쳤고 미칠 것인지를 알아보고자 합니다. 먼저 코로나19 전과 후에 일, 직업, 변화, 상사, 행복 등 관념이 어떻게 변했는지 알아봅니다. 코로나19는 직장생활에 큰 변화를 만든 동력이었고 일, 직업, 상사 등 정의가 바뀜에 따라 미래 직장생활의 구체적인 상을 엿볼 수 있기 때문입니다. 가령 코로나19 전과 후에 일과 직업의 관념이 바뀌었습니다. 이는 "왜 일하는가?"에 대한 구체적인 답변이 달라졌음을 의미합니다. 다음으로 챗GPT가 출현하며 일, 직업, 미래 세상에 대한 직장인의 생각의 변화를 살펴본 후 챗GPT 출현으로 미래가 어떻게 전개될지에 대해 알아봅니다.

그리고 책 후반부에서는 미래를 준비하기 위해 무엇을 할 것인가를 이야기하고자 합니다. 독자 여러분은 시험을 보다가 지우개로 지우고 정답을 고친 적이 있습니까? 아마 있을 것이라고 생각합니다. 심지어 토익, 토플을 주관하는 카플란Kaplan은 정답을 고치고 싶다는 생각이 들면 여러분의 선택이 옳았음을 보여주는 증거라고 이야기합니다. 그러나 한 연구에 따르면 정답을 고치는 경우가 안 고친 경우보다 통계적으로 유의한 수준에서 높은 점수를 보인다고 합니다.[3]

시험에서 내가 선택한 답안을 바꾸는 것도 쉽지 않은 상황에서 그동안 삶의 궤적을 일부 바꾸는 것은 큰 노력을 필요로 합니다. 시간과 노력을 들인 만큼 성과 있는 결과를 도출해야 하므로 필자는 미래 변화의 방향을 데이터와 분석 결과로 제시하고 여러 사례를 통해서 무엇을 준비할지 이야기하고자 합니다. 구체적으로는 다양성, 포용성, 호기심, 성장을 중심으로 알아보고 진단과 사례를 다룹니다.

필자가 그동안 연구하고 분석한 사례에 따르면 전 세계 수많은 직장인이 현재를 살아가는 모습은 베터 댄 베스트Better than Best입니다. 베터는 경쟁상대가 어제의 나이고 베스트는 경쟁상대가 타인입니다. 베터는 수평적 관계를 지향하고 베스트는 수직을 바라보고 올라가려 합니다. 베터는 성취와 성장을 중시하고 베스트는 최고를 바랍니다. 베터는 탁월함을 추구하고 베스트는 완벽함을 원합니다. 남보다 많은 급여와 더 나은 복지보다는 성장이 만족의 주요한 원인입니다. 인공지능이 발전함에 따라 일자리를 대체하는 상황에서 우리는 베스트보다는 베터를 추구해야 합니다. 이 책이 달라질 미래를 바라보며 미리 준비하려는 베터 댄 베스트 여정에 도움이 되길 간절히 바라며 시작합니다.

3장 코로나19와 생성형 인공지능에 왜 주목해야 하는가 • 109

5장 미래의 일하는 방식은 어떻게 바뀔 것인가 • 173

1장

지난 10년간
한국 직장인은 언제
만족하고 불만족했는가

1.

코로나19와 챗GPT가 삶의 패러다임을 변화시키다

성장과 행복을 중시하는 패러다임으로 변화하다

"패러다임이 변하고 있다."

우리가 자주 쓰는 표현입니다. 무엇인가 급격한 변화가 일어나면 '패러다임 전환paradigm shift'이라는 말로 현상을 설명하곤 합니다. 패러다임 전환은 『과학혁명의 구조』를 쓴 토머스 쿤이 제시한 개념입니다. 쿤은 과학 지식이 어떻게 발전하는지를 설명하면서 패러다임이란 개념을 활용했고 이를 설명하기 위해서는 공약 불가능성이라는 특징을 가져야 한다고 주장했습니다. 즉 패러다임 간에는 사용되는 용어, 개념, 방법론이 아예 다른 특징을 가져야 한다는 것입니다.

가령 뉴턴의 고전물리학, 아인슈타인의 상대성 이론, 그리고 그 후의 양자물리학은 질적으로 완전히 다르므로 패러다임 전환이란 표현으로 이야기할 수 있습니다. 그러므로 패러다임 전환은 과거와는 질적으로 다른 변화를 겪을 때 쓸 수 있는 표현입니다.

공교롭게 최근 우리는 패러다임 전환기를 두 번 겪었습니다. 우선 코로나19는 경제, 정치, 사회와 같은 거시 환경뿐만 아니라 우리의 일상을 바꿨습니다. 신한카드 빅데이터연구소에서 펴낸 『넥스트 밸류』는 코로나19 이후 우리가 쓰는 시간의 변화를 데이터로 제시했습니다. 코로나19 이후 한국 사람들이 소비하는 시간대가 변했는데 전과 대비하여 후에 소비가 가장 증가한 시간대는 새벽 5~7시 사이였습니다.[1] 더욱 구체적으로 들여다보면 코로나19 이후 저녁 시간 회식이 줄어들면서 귀가가 빨라짐에 따라 주도적으로 활용하는 저녁 시간이 늘었습니다. 내적 성장과 행복을 중요하게 여겨서 일찍 취침하고 일찍 일어나며 이른 시간에 도서 구매나 자기계발 영상을 소비한다는 것입니다. 이는 오랫동안 당연하다고 여겨왔던 집단 회식과 조직 내 성공보다는 개인 삶으로의 초점 이동과 성장의 강조라는 변화로 설명할 수 있습니다. 이처럼 코로나19는 우리의 삶에 큰 변화를 가져왔습니다.

챗GPT가 MBA 학생을 앞서고 변화를 주도하다

두 번째 변화는 바로 2022년 말부터 우리 삶을 크게 바꾸고 있는 챗GPT를 포함한 생성형 인공지능의 등장입니다. 2023년 9월 9일 「월스트리트저널」은 와튼스쿨의 MBA 학생과 GPT4의 혁신적 아이디어 경쟁 관련 기사를 보도했습니다.[2] 와튼스쿨 교수와 펜실베이니아대학교의 인공지능 전공 교수는 MBA 학생들과 GPT4

에게 각각 15분을 주고 혁신적 비즈니스 아이디어를 최대한 많이 내놓으라고 주문했습니다. 우리가 쉽게 예상할 수 있듯이 GPT4는 15분 동안 약 200개의 아이디어를 만들며 양적으로 MBA 학생들을 압도했습니다. 기계와 사람의 대결이므로 이는 충분히 예상한 결과였습니다.

그런데 아이디어의 출처가 학생들인지 GPT4인지를 기업 경영자들이 실현 가능성과 혁신성을 기준으로 평가한 결과가 흥미롭습니다. 채택된 상위 10%의 혁신적 아이디어 40개 중 5개만 MBA 학생들이 낸 것이고 나머지는 모두 GPT4가 내놓은 것이었습니다. 질적으로도 GPT4가 만든 아이디어가 더 혁신적이고 실현 가능하다는 의미입니다. 어찌 보면 조직과 비즈니스 현장에서 가장 요구되는 인재라고 볼 수 있는 전 세계 1위 MBA 학생들이 아이디어 제안에서 GPT4에게 양적, 질적으로 모두 졌다는 점에서 충격을 준 실험 결과였습니다.

이처럼 2020년부터 2023년까지 코로나19와 챗GPT가 출현하면서 우리는 질적으로 완전히 다른 패러다임 전환을 겪고 있습니다. 이에 필자는 코로나19와 챗GPT의 출현 전은 BCs Before COVID-19 & chatGPT로, 출현 후는 ACS After COVID-19 & chatGPT로 구분해서 일, 인력, 직장, 동료, 돈 등 우리 삶과 관련된 개념과 인식이 어떻게 변했는지를 데이터와 사례에 근거해서 제시하고자 합니다. 이렇게 중요한 개념과 인식이 달라지고 있는데도 우리가 그 변화를 명확하게 설명하지 못하고 있기 때문입니다. 명확하게 측정하고 설명하지 못한다면 새로운 변화를 정확하게 준비하고 대비하기 어렵습니다. 그러므로 코로나19 전과 후를 비교함으로써 그 변화의 모습을 명료하게 이해하고 미래를 준비하고자 합니다.

더 나아가 코로나19 후에 또 다른 구조적 변화가 우리를 기다리고 있습니다. 바로 정해진 미래인 인구감소라는 변화입니다. 2030년을 기점으로 한국에서 생산가능인구가 급격하게 감소할 것입니다. 이는 우리의 소비와 일하는 방식뿐만 아니라 미래를 준비하는 방법 역시 크게 바꿔놓을 것입니다. 코로나19 전과 후가 질적으로 달랐듯이 2030년 이후 새롭게 다가올 미래를 잘 대비하기 위해서는 두 번의 패러다임 전환의 성격을 잘 이해하는 것이 중요합니다.

이런 변화를 잘 설명하기 위해서 필자는 한국 직장인이 속해 있는(혹은 속해 있던) 조직에 대해서 비교적 솔직하게 의견과 감정을 드러내는 소셜 네트워크에서 22만 건의 데이터를 모았습니다. 이 데이터는 조직에 대한 전체 만족도뿐만 아니라 급여, 일과 삶의 균형, 경영진에 대한 만족도, 산업군, 직무 등의 내용을 담고 있습니다. 또한 해외 소셜 네트워크인 글래스도어Glassdoor의 데이터를 모아서 한국 직장인과의 차이를 살펴봤습니다. 그리고 한국 직장인과 관련된 여러 가지 통계 자료에 드러난 현상을 다양한 데이터와 각도에서 조명했습니다. 이제 우리가 경험했고 또한 경험할 변화에 관한 이야기를 시작하겠습니다.

2.

직장생활의 만족도 변화 추이를 데이터로 분석하다

워라밸 항목만 10년 전에 비해 만족도가 달라졌다

『만족한다는 착각』을 쓴 마틴 슈뢰더는 1984년부터 수집한 8만 5,000명의 데이터로 독일인이 언제 어떻게 만족하는지를 연구해서 발표했습니다. 나이, 성별, 급여, 건강 상태 등이 다 동일하다는 조건 아래 만족감에 큰 영향을 미치는 요소 중 하나가 바로 자율성이었습니다. 내 삶에서 의사결정을 할 때 얼마나 많은 자율성을 가졌는지가 만족감에 주요한 열쇠 중 하나라는 것입니다. 이 외에도 물리적 공간의 크고 좁음이 삶의 만족감에는 큰 영향을 미치지 않고 급여도 일정 수준부터는 만족감에 유의한 영향을 미치지 않았습니다. 이처럼 데이터와 분석을 통해 살펴보면 우리가 통상적으로 생각해온 만족감에 영향을 미치는 요소가 실제와 다름을 알 수 있습니다.

지난 10년간 직장인으로서 필자 역시 큰 변화를 경험했습니다.

한국 직장인의 10년간 만족도 변화

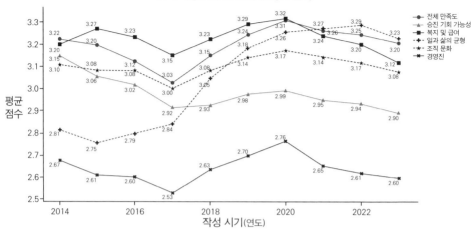

우선 과거보다 업무에서 자율성이 높아졌고 출퇴근이 자유로워졌으며 일하는 데 기술이 깊숙이 개입됐고 일과 삶의 균형 역시 나아졌습니다. 그렇다면 전체 한국 직장인의 만족도도 변화했을까요? 그리고 어떤 측면의 만족도가 변화했을까요? 복지 및 급여, 조직문화, 경영진, 일과 삶의 균형, 조직 내 승진 가능성 등에 더욱 만족하게 됐을까요?

위 질문에 답하기 위해 필자는 소셜 네트워크에서 22만 명의 직장인이 평가한 전체적인 만족도, 승진 기회 가능성, 복지 및 급여, 일과 삶의 균형, 조직문화, 경영진에 대한 만족도 점수를 시간 흐름에 따라 살펴봤습니다.

우선 그림「한국 직장인의 10년간 만족도 변화」를 보면 한국 직장인이 인식하는 전체 만족도는 2014년 3.22점에서 2023년 3.20점으로 큰 변화가 있어 보이지는 않습니다. 그러나 시간 흐름에 따른 변화를 보면 2014년부터 2017년까지는 만족도가 하락하는 흐름을 보이다가 2020년까지는 꾸준히 증가합니다. 그러나 2020년 이후부터는 다시 만족도가 조금씩 하락하는 것을 알 수 있습니다.

다음으로 조직에서 구성원이 느끼는 복지 및 급여의 만족도는 어떻게 변화했을까요? 2014년 3.20점을 시작으로 2023년 3.12점을 기록했습니다. 큰 차이는 아니지만 이 역시 소폭 하락했습니다. 복지 및 급여 역시 전체 만족도와 비슷한 패턴으로 2014~2017년까지 하락한 후 2018~2020년 증가하다가 다시 만족도가 내려감을 알 수 있습니다. 복지 및 급여 못지않게 한국 직장인이 중요하게 생각하는 승진 기회와 가능성에 대한 만족도는 어땠을까요? 흥미롭게도 2014년 3.15점을 시작으로 2023년 2.90점으로 하락했습니다. 앞서 살펴본 전체 만족도와 복지 및 급여 만족도보다 하락세가 두드러짐을 알 수 있습니다. 승진 기회와 가능성은 시간이 지남에 따라 일정하게 내려가고 있습니다. 이는 한국 기업의 양적 성장이 정체됨에 따라 새로운 리더십 직책이 충분히 생겨나지 못하고 승진 기회가 많지 않기 때문에 생긴 결과로 예상합니다.

경영진에 대한 만족도는 어떨까요? 전체 만족도를 포함한 여섯 가지 지표 중에 전체적으로 경영진에 대한 만족도 수치가 낮음을 알 수 있습니다. 경영진 수치도 2014년 2.67점에서 2023년 2.60점으로 하락했고 그 패턴 역시 복지 및 급여와 유사합니다. 최근 조직의 차별적 경쟁력으로 가장 큰 관심을 받고 있는 조직문화에 대한 만족도는 어떨까요? 필자가 앞서 이야기한 대로 더 자유로워지고 소통이 원활해졌으니 조직문화 역시 과거에 비해서 만족하지 않을까요? 필자의 예상과는 다르게 한국 직장인이 인식하는 조직문화 만족도는 크게 변하지 않았습니다. 2014년 3.10점을 시작으로 2023년 3.08점으로 나타났습니다. 뒤에서 다루겠지만 한국 직장인이 기대하는 조직문화가 바뀌고 있고 그에 맞게 조직도 변하고 있는가에 대한 만족도의 변화량도 함께 살펴봐야 할 것입니다. 그러한 관점으로 보면 조직문화 만족도의 점수 변화가 크지 않은 것은 이해가 되기도 합니다.

마지막으로 일과 삶의 균형은 어떨까요? 다른 5개 수치와 다르게 2014년 이후 지속해서 증가함을 알 수 있습니다. 52시간 근로시간 제도를 포함해서 정치, 사회, 경제적 측면에서 근로시간이 감소했고 코로나19로 인해 재택근무가 증가했음이 주요한 원인일 것입니다.

지난 10년간 데이터로 보았을 때 한국 직장인의 전체적인 만족도를 포함한 주요한 다른 지표들은 크게 변하지 않았습니다. 눈에 띌 만큼 변한 수치는 일과 삶의 균형임을 알 수 있었습니다.

직무별로, 산업별로 만족도의 변화 양상이 다르다

이런 만족도의 변화는 직무별, 산업군별로 다르지는 않을까요? 가령 "업무 성격에 따라서 그 만족도가 다르지 않을까?"라는 궁금증이 들 수 있습니다. 이에 필자는 한국 직장인 22만 명의 직무를 크게 10개로 분류해서 데이터를 살펴봤습니다. 주요한 직무 분류는 1. 경영 및 전략 2. 금융 및 재무 3. 기술 및 엔지니어링 4. 디자인 및 창조적 직무 5. 마케팅 및 미디어 6. 생산 및 품질 관리 7. 서

직무별 만족도 비교

	전체 만족도	승진 기회	복지 및 급여	일과 삶의 균형WLB	조직 문화	경영진
경영 및 전략	3.30	3.04	3.26	3.27	1.18	2.72
금융 및 재무	3.37	3.14	3.52	3.05	3.20	2.74
기술 및 엔지니어링	3.33	3.05	3.28	3.34	3.28	2.65
디자인 및 창조적 직무	2.20	2.76	3.23	3.24	3.14	2.58
마케팅 및 미디어	3.12	2.95	3.11	3.08	3.08	2.57
생산 및 품질 관리	3.23	2.94	3.43	2.98	3.00	2.67
서비스 및 고객 지원	3.19	2.94	3.11	3.10	3.11	2.75
영업 및 유통	2.94	2.81	3.05	2.77	2.85	2.43
전문직	3.33	2.91	3.33	3.00	3.13	2.70
특수계층·공공·기타	3.48	3.17	3.14	3.68	3.49	2.83

직무별 만족도 시각화

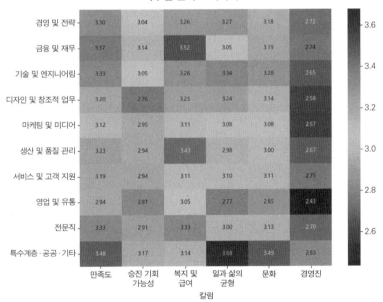

비스 및 고객 지원 8. 영업 및 유통 9. 전문직 (변호사, 약사 등) 10. 특수계층·공공·기타입니다(표「직무별 만족도 비교」).

직무에 따른 만족도에 차이가 있는지 히트맵으로 확인하면 기관 및 협회, 그리고 일반 조직 내 특수직과 공공직이 상대적으로 일과 삶의 균형, 조직문화에 대한 만족도가 높음을 알 수 있습니다. 다만 샘플 숫자가 크지 않고 직군이 특수하므로 큰 의미를 두기보다는 특잇값으로 해석하는 것이 합리적입니다(그림「직무별 만족도 시각화」).

그 외 생산 및 품질 관리, 금융 및 재무, 전문직에서 복지 및 급여에 대한 만족도가 높았습니다. 그리고 기술 및 엔지니어링 직무에서 조직문화, 일과 삶의 균형, 복지 및 급여에 대한 만족도가 전반적으로 높았습니다. 디자인 및 창조적 업무에 종사하는 구성원은 복지 및 급여, 일과 삶의 균형에는 만족하지만 승진 기회가 제한되어 있음을 알 수 있습니다. 이런 패턴은 서비스 및 고객 지원 직무에서도 유사한 패턴을 보입니다. 이처럼 직무에 따라서 직장인이 인식하는 만족도가 다름을 알 수 있습니다.

그렇다면 산업군별로는 차이가 있을까요? 이를 알아보기 위해 241개 기업, 22만 명의 데이터를 10개 산업군으로 분류했습니다(괄호 속 숫자는 샘플 숫자). 1. IT(42) 2. 건설(10) 3. 교육 및 서비스(22) 4. 금융(18) 5. 기관 및 협회(20) 6. 바이오 및 제약(17) 7. 식음료(16) 8. 유통·무역·운송(26) 9. 제조 및 화학(62) 10. 프로페셔널 및 컨설팅(8)입니다.

표「산업별 만족도」에서 음영 표시된 부분은 산업군별로 만족도

산업별 만족도

	전체 만족도	승진 기회	복지 및 급여	일과 삶의 균형WLB	조직 문화	경영진
IT	3.27	2.95	3.24	3.36	3.33	2.64
건설	3.18	2.90	3.33	2.86	2.95	2.57
교육 및 서비스	2.85	2.83	2.68	2.82	2.84	2.40
금융	3.40	2.96	3.72	3.31	3.14	2.81
기관 및 협회	3.63	3.11	3.32	3.96	3.50	2.97
바이오 및 제약	3.01	2.86	3.10	2.81	2.78	2.42
식음료	3.02	2.97	2.99	2.80	2.93	2.60
유통 · 무역 · 운송	3.02	2.76	3.01	2.91	2.97	2.53
제조 및 화학	3.29	3.05	3.47	3.09	3.09	2.68
프로페셔널 및 컨설팅	3.38	3.47	3.29	2.26	3.38	2.71

점수가 가장 높습니다. 그리고 산업군별로 여섯 가지 만족도 요소의 통계적 유의성을 살펴보았을 때 대부분 산업군 간 차이가 있음을 알 수 있었습니다. 구체적으로 살펴보면 전체 만족도는 기관 및 협회가 가장 높습니다. 다음으로 승진 기회는 프로페셔널 및 컨설팅 산업이 아무래도 가능성 측면에서 만족도가 높음을 알 수 있습니다. 이는 전문가 조직으로서 승진 기회와 가능성이 연차나 호봉 등이 아니라 능력과 성과에 따라서 결정되기 때문으로 생각할 수 있습니다.

복지 및 급여는 역시 금융업이 만족도가 높았고 일과 삶의 균형, 조직문화, 경영진에 대한 만족도도 기관 및 협회가 높았습니다. 기관 및 협회의 20개 샘플 안에는 한국은행과 한국전력공사 등 전통적인 공기관이 포진해 있습니다. 이 기관들은 오랫동안 구직자들에게 '꿈의 직장'으로 불릴 만큼 다양한 혜택과 안정적 조직문화를 가지고 있습니다. 그러나 뒤에서 이야기하겠지만 10년 동안 평균 데이터이기 때문에 높게 인식되는 것이고 코로나19 전과 후로 구분했을 때 기관 및 협회가 갖고 있던 경쟁 요소의 중요성은 낮아졌습니다.

직장인은 무엇에 만족하고 무엇에 불만을 품는가

SNS에 직장인이 남긴 글을 통해 기업의 장점을 알아보다

지금까지 우리는 10년간 한국 직장인의 시간에 따른 전체 만족도와 직장생활과 관련한 여러 측면의 만족도 변화를 살펴봤습니다. 요컨대 일과 삶의 균형을 제외하고는 10년간 만족도 측면에서는 큰 변화가 없었습니다. 직무에서는 전문직, 생산 및 품질 관리, 기술 및 엔지니어링 등이 만족도가 높았습니다. 산업에서는 금융, 기관 및 협회, 프로페셔널 및 컨설팅 산업이 상대적으로 만족도가 높게 나왔습니다. 여기서 더 나아가 우리는 데이터와 분석을 통해서 언제 만족했고 언제 불만족했는지를 알아보려고 합니다. 그래야 조직과 리더는 만족도를 높일 구체적인 방법을 알 수 있고 개인 역시 더욱 만족스러운 삶을 준비하고 지향할 수 있기 때문입니다.

10년간 한국 직장인이 조직에서 느낀 만족과 불만족 요소를 알아내기 위해 필자는 소셜 네트워크에서 직장인이 남긴 텍스트 데이터를 활용했습니다. 기업에 대한 장점과 단점을 자유롭게 서술한 데이터에서 텍스트 마이닝 기법을 활용해 주요 주제를 도출했습니다. 대규모 데이터에서 주요 주제를 도출하는 데 유용한 알고리즘 중 하나가 바로 토픽모델링Topic modelling입니다. 가령 도서관에 갔는데 모든 책에 표지가 사라진 상황이고 책에 제목을 붙여야 한다면 먼저 책을 읽고 주제에 따라 분류한 다음 제목을 붙일 것입니다. 이처럼 토픽모델링은 컴퓨터가 전체 문서를 읽고 중요성과 빈도 등을 고려해서 주요 주제어를 확률과 함께 추출합니다. 정확성과 분석 용이성이 비교적 좋아 최근 여러 분야에서 토픽모델링 기법이 자주 쓰이고 있습니다.

토픽모델링 분석에서 1단계는 의미 있는 주제의 개수를 선정하는 것입니다. 대규모 문서 내에 잠재적으로 존재하는 주제가 몇 개인지를 추정하기 위해서 퍼플렉시티Perplexity와 일관성Coherence 지표가 주로 쓰입니다. 퍼플렉시티는 확률 모델이 테스트 데이터 내에서 잠재적 주제를 얼마나 정확하게 예측하는지를 측정합니다. 가령 음식이란 주제 모델이 있을 때 테스트 데이터에 '요리' '맛' 등의 단어가 잘 나타나는지를 가지고 평가하는 방법입니다. 일관성은 모델이 생성한 주제가 얼마나 의미론적으로 일관성 있는 단어로 구성되어 있는지를 측정합니다. 가령 경제란 주제 모델에서 '주식' '투자' '시장' 등의 단어가 포함되어 있다면 경제란 주제와 일관성이 높다는 것을 알 수 있습니다. 필자는 일관성 지표를 이용해 22만 건의 텍스트 데이터에서 기업의 장점과 단점 중 잠재하는 주제 개수를 추정했습니다.

기업의 장점에 관한 토픽 라벨과 키워드

토픽 번호	토픽 라벨(의미)	키워드
0	연봉과 복지	월급, 복지, 연봉, 성과급, 장점
1	성장 기회 문화	성장, 기회, 문화, 배움, 수평
2	자유로운 연차와 휴가	연차, 눈치, 휴가, 자유로운, 자율
3	자유로운 출퇴근	출퇴근, 상사, 제도, 자율, 편한
4	교육 지원 체계	교육, 복지, 지원, 체계, 성장
5	연봉과 조직문화 균형	연봉, 업무, 균형, 조직문화, 괜찮은
6	다양한 직무 및 글로벌 경험	영업, 글로벌, 경험, 노출, 인지도

우선 한국 직장인이 이야기하는 기업의 장점은 일곱 가지로 '연봉과 복지' '성장 기회 문화' '자유로운 연차와 휴가' '자유로운 출퇴근' '교육 지원 체계' '연봉과 조직문화 균형' '다양한 직무 및 글로벌 경험'이 주제로 선정됐습니다. 단점은 아홉 가지로 '시스템과 체계 부족' '성과 압박' '야근과 일과 삶의 불균형' '현장 직군 차별' '연봉 불만족' '보수적 조직문화' '부서별 차이' '신분에 따른 차별' '성장 기회 부족'이 주제로 선정됐습니다. 기업의 장점과 단점의 토픽 라벨(의미)은 필자가 토픽모델링 분석 결과를 보고 해석해서 붙인 것이며 근거가 되는 키워드는 표 「기업의 장점에 관한 토픽 라벨과 키워드」와 같습니다.

직장인들은 성장, 자율성, 일과 삶의 균형이 충족돼야 만족한다

한국 직장인이 기업의 장점에서 뽑은 요소들은 만족도 요소로 생각할 수 있습니다. 우선 '연봉과 복지'가 빈도수와 중요도 측면에서 가장 높게 도출됐습니다. 앞서 10년간 한국 직장인이 인식하는 복지 및 급여는 크게 상승하지 않았고 직무별, 산업군별로 만족도가 다릅니다. 하지만 주관식 설문에서 직장인이 만족도 요소로 돈에 관한 이야기를 자주 한다는 것을 알 수 있습니다. 다음 장에서 시간이 흐름에 따라 토픽이 어떻게 변해가는지를 살펴보고 코로나19 전과 후로 구분해서 볼 것입니다. 10년 치 전체 데이터에서는 중요도가 높게 나왔더라도 시간이 흐름에 따라 감소하거나 큰 차이가 없음을 알 수 있습니다.

다음으로 선정된 '성장 기회 문화'는 최근 조직에 직장인이 바라는 것이 변화하고 있음을 가장 잘 보여주는 주제라고 할 수 있습니다. 다음 장에서 다루겠지만 코로나19 후에 직장인은 일과 직장에 대해 코로나19 전과는 다른 관념을 갖고 있습니다. 이를 반영하듯 배울 수 있는 동료와 성장할 수 있는 기회를 기업의 장점으로 뽑았고 이에 만족함을 알 수 있습니다. 이는 정량 분석 결과에서는 조직문화로서 크게 드러난 주제임을 텍스트에서 확인할 수 있습니다.

토픽 2번과 3번은 '자유로운 연차와 휴가' '자유로운 출퇴근'입니다. 두 주제에서 집중해야 하는 것이 바로 '자유로운'이란 형용사입니다. 2023년 SK그룹은 8개 계열사 직원 200명을 대상으로 유연근무flexible working를 실시했습니다.[3] 그 결과 생산성, 행복, 소통·협업, 소속감 지수가 모두 상승한 것을 알 수 있습니다. 생산성은 7.4점에서 9.1점, 행복은 6.8점에서 8.4점, 소통·협업은 7.1점에서 8.7점, 소속감은 6.9점에서 8.4점으로 증가했습니다. 사실 본 실험에서 주목해야 할 것은 얼마나 일했고 어디서 근무했는지가 아니라 시

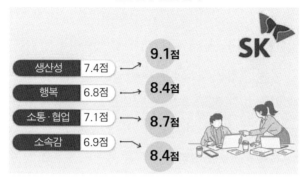

SK 유연 근무 실험 결과표

생산성	7.4점	→ 9.1점
행복	6.8점	→ 8.4점
소통·협업	7.1점	→ 8.7점
소속감	6.9점	→ 8.4점

간과 공간을 개인이 '선택'할 수 있었다는 점입니다.

개인이 시간과 공간을 선택함으로써 오는 결과로 생산성, 행복, 소통·협업, 소속감이 증가한다는 것입니다. 이처럼 조직 내 개인의 자율성에 대한 긍정적 효과는 여러 연구와 실험을 통해 잘 알려져 있습니다. 최근에는 어느 범위까지 개인에게 자율성을 줘야 하는지에 대한 후속 논의가 활발한 상황입니다.[4] 결국 직장인에게 만족감을 주기 위해서는 자율성 혹은 선택권을 줘야 한다는 점이 토픽 2번과 3번에 담긴 함의입니다.

토픽 4번 '교육 지원 체계'는 1번 '성장 기회 문화'와 맥을 같이 합니다. 다만 토픽 1번에서 주요하게 나오는 성장은 일뿐만 아니라 상사와 동료를 통해서 배우고 함께하는 기회를 의미하는 반면 4번 '교육 지원 체계'는 공식적인 교육 및 개발 기회를 말합니다. 이런 요구에 발맞춰 최근 국내 여러 기업에서 임직원 교육 및 개발에 많은 돈을 투자하고 있고 더 나아가 기업 브랜드로도 내세우고 있습니다. SK의 마이써니mySUNI는 사내 대학의 일종으로 SK 임직원을 위해 인공지능부터 리더십까지 다양한 교육을 제공하는 곳입니다.

마이써니는 2023년부터 국내 대학 및 협력사에 플랫폼을 공유함으로써 교육 기회를 제공하고 있습니다. 이런 교육 기회가 SK에 풍부하게 있음을 강조함으로써 외부 인재들에게 교육 지원 체계가 잘되어 있음을 홍보하는 기회가 되기도 했습니다.[5] 실제로 국내 기업 N사는 사내교육을 담당하는 부서를 브랜드 부문으로 옮기고 관련 활동을 외부 인재 채용에 적극적으로 활용하고 있습니다. 이는 '교육 지원 체계'가 현재 우리 삶에 만족 요소로서 중요하게 자리 잡았음을 알려 주는 사례라고 할 수 있습니다.

토픽 5번 '연봉과 조직문화 균형'은 현대 직장인에게 가장 중요한 연봉과 조직문화가 적정 수준에서 균형을 이루고 있는 상태를 만족감으로 느끼는 주제입니다. 가령 국내 S사의 경우 기업 장점이 최고 수준의 급여와 복지인 반면 단점은 성과에 대한 압박과 경쟁 중심 문화입니다. 이는 장단점 모두 극명한 특징을 보이는 사례입니다. 토픽 5번은 앞서 10년간 만족도에서 큰 변화를 보인 일과 삶의 균형과도 연계해서 생각할 수 있습니다. 일과 삶의 균형에서 만족감을 느끼기 위해서는 일이 너무 과하지 않아야 합니다. 이를 위해서는 성과 압박이 낮고 조직문화 역시 성과에 집중되지 않아야 합니다. 결국 연봉과 조직문화가 적절한 수준에서 균형을 이루는 것이 만족과도 관련되어 있음을 생각할 수 있습니다.

마지막 토픽 6번 '다양한 직무 및 글로벌 경험'은 현대 직장인이 일을 하나의 '기회'로 인식한다는 점에서 만족 요인으로 해석할 수

기업의 단점에 관한 토픽 라벨과 키워드

토픽 번호	토픽 라벨(의미)	키워드
0	시스템과 체계 부족	시스템, 체계, 제도, 부족, 인사
1	성과 압박	실적, 성과, 능력, 승진, 압박
2	야근과 일과 삶의 불균형	퇴근, 출근, 야근, 주말, 근무
3	현장 직군 차별	현장, 매장, 생산, 단점, 차이, 차별
4	연봉 불만족	급여, 복지, 연봉, 불만, 차이, 이직
5	보수적 조직문화	수직, 보수, 군대, 문화, 보고
6	부서별 차이	부서, 차이, 강도, 다르다, 리더
7	신분에 따른 차별	본사, 계약직, 정규직, 채용, 차별
8	성장 기회 부족	성장, 발전, 미래, 기회, 부족

있습니다. 단순히 주어진 일을 해내고 시간을 투여하는 활동이라 생각하는 것이 아니라 기회로 인식한다면 일에서는 최대한 다양하게 경험하는 것이 유리합니다. 필자가 했던 분석 중 효과적인 리더의 특성을 데이터로 들여다본 적이 있는데 고성과를 지속해서 내는 개인은 직무와 글로벌 경험이 풍부했음을 확인할 수 있었습니다. 이처럼 한 개인으로서 성과를 높이고 성장하기 위해서는 다양한 일과 맥락을 경험할수록 유리합니다. 그런 관점에서 보면 다양한 직무 및 글로벌 경험이 기업의 장점으로서 만족 요인으로 기능한다고 볼 수 있습니다.

시스템 부족, 성과 압박, 보수적 조직 문화에 불만을 품는다

단점으로 선정된 토픽들은 장점으로 선정된 주제의 부족으로 생각할 수도 있지만 그 밖의 특징들이 드러납니다. 우선 '시스템과 체계 부족'이 가장 중요한 불만족 요소로 나타났습니다. 이는 조직 내 의사결정과 일하는 방식에 부족함이 있음을 이야기하고 있습니다. 가령 조직에서 승진자를 선발할 때 사전에 기준과 과정이 명료하게 정해져 있지 않고 블랙박스처럼 운영되는 경우가 있을 수 있습니다. 조직에서 일 잘하는 동료로 인정받는 구성원이 성과급을 받지 못하고 승진에 누락되는 등의 사례가 누적되면 구성원은 시스템과 체계가 부족하다고 인식할 수 있습니다. 더불어 휴가자나 퇴사자가 발생했을 때 업무가 이어지지 않는다거나 기록이 남아 있지 않은 경우도 일하는 방식에서 시스템과 체계 부족을 인식하는 대표적인 경험입니다. 그러므로 시스템과 체계 부족은 조직과 리더의 의사결정과 관련된 사례가 많았고 일관성보다는 변산성이, 객관성보다는 주관성이 강조되는 경우가 대부분이었습니다. 이 같은 경우는 전사자원관리 시스템ERP, Enterprise Resource Program을 도입한다고 해서 해결되지 않습니다. 조직과 리더의 의사결정 기준을 명료하게 세우면 이에 따른 판단이 누적되어 불만족이 감소할 수 있는 사례라고 할 수 있습니다.

두 번째 불만족 요소는 '성과 압박'입니다. 우리 시대 구루로 불리는 제러미 리프킨은 저서 『회복력 시대』에서 산업화 이후 펼쳐진 '진보의 시대'에 우리는 효율성을 중요한 가치로 신봉하며 살아왔다고 역설합니다. 효율성 시대에는 최소한의 인풋으로 최대한의 성과를 내는 리더와 조직이 가장 선호됐습니다. 특히 한국의 조직은 지난 20~30년 동안 폭발적인 성장을 지속해 왔고 유지하기 위해 효율성은 더욱 신봉됐습니다. 그러나 『21세기 자본』에서 피케티가 주장했듯이 2000년대 이후 인류의 양적 성장은 이미 하향 국면에 접어들었습니다. 그런데도 우리는 지속적인 성장을 위해 조직과 구성원에게 끊임없이 동기부여를 하며 관리해 왔습니다.

이런 관점으로 보면 조직에서 우리가 느끼는 성과 압박은 조직의 양적 성장을 이뤄내기 위해 개인에게 할당된 목표에서 기인한다고 볼 수 있습니다. 또 다른 측면으로는 높은 급여, 복지, 최고 인재와의 협업에 걸맞은 결과를 내야 한다는 의미로도 볼 수 있습니다. 구글의 텍스트 데이터를 보면 많은 직원이 구글의 단점은 최고 대우에 맞는 성과를 내야 한다는 압박감이 심하고 뛰어난 동료와 발맞춰 성과를 내야 한다는 부담이 큰 것이라고 토로합니다. 이처럼 성과 압박은 조직에서 제시하는 성과, 높은 급여 수준, 뛰어난 동료에게서 기인한다고 볼 수 있습니다. 토픽 2번과 4번 '야근과 일과 삶의 불균형' '연봉 불만족'은 만족 요인과 동일선상에 놓고 보면 그 원인과 현상이 더불어 이해됩니다.

토픽 5번 '보수적 조직문화'는 오랫동안 한국 조직의 특성을 표현한 단어기도 합니다. LG그룹에서 근무했던 에리크 쉬르데주는 저서 『한국인은 미쳤다!』에서 한국 기업의 수직적인 군대 문화에 놀랐다고 밝힌 바 있습니다. 현대자동차그룹에서 글로벌 PR팀 이사로 근무했던 프랭크 에이렌스도 저서 『현대자동차 푸상무 이야기Seoul Man』에서 보수적이고 수직적인 문화를 비판했습니다. 이는 한국 기업에서 근무했던 외국인 눈에만 보이는 특성이 아닙니다. 한국 직장인도 한국 기업의 보수적이고 수직적인 문화에 불만족하는 것으로 드러났습니다.

그런데 보수적이고 수직적인 문화는 분명 강점이 있습니다. 목표가 정해지면 이를 달성하기 위해서 일사불란하게 주어진 일을 해내는 것이 강점입니다. 더불어 여러 관점에서 다양한 자료를 살펴보고 심사숙고해서 내리는 의사결정이 보고 문화를 만들어냈다고 볼 수 있습니다. 그러므로 수직적, 보수적 문화와 보고 문화는 어찌 보면 한국 산업의 성장과 함께 커온 부산물이라 볼 수 있습니다. 필자는 전작 『데이터와 사례로 보는 미래의 직장』에서 한국의 대기업 4곳의 소셜 네트워크 데이터를 사람을 '남게 하는 힘$_{pull}$'과 '떠나게 하는 힘$_{push}$'으로 구분해서 소개했습니다. 떠나게 하는 힘 중 가장 센 힘이 바로 수직적, 보수적 문화와 보고 문화였습니다. 결국 기업 규모나 산업군과 관계없이 보수적 조직문화는 한국 직장인의 공통된 불만족 요소라고 할 수 있습니다.

그렇다면 수평적, 진보적 문화와 구두 문화가 만족으로 향하는 조직문화의 모습일까요? 선뜻 동의하기 어려울 것입니다. 조직은 하나의 목표를 달성하기 위해 모인 집단이고 조직 구조는 이를 실현하기 위해 세워진 뼈대와 같습니다. 이런 관점으로 보면 조직문화 역시 조직목표를 달성하는 데 기여해야 합니다. 그러므로 단순히 조직문화가 보수적인 게 문제가 아닙니다. 그보다는 개인이 자율성을 갖고 일을 선택할 수 있어야 하고 반론이 있으면 대화할 기회가 있어야 하며 형식과 관계없이 내용이 중심인 보고를 빈번히 할 수 있어야 합니다. 세스 고딘은 저서 『의미의 시대』에서 의미를 갖기 위해서는 주어진 일이 아니라 개인이 과업을 주도적으로 선택하고 토론할 환경이 있어야 한다고 강조했습니다.

토픽 3번 '현장 직군 차별', 6번 '부서별 차이', 7번 '신분에 따른 차별'은 모두 개인별 상태status를 조직에서 포용하지 못하는 상황을 의미합니다. 생산, 영업, 매장 등 현장에서 고객을 만나서 직접 이야기를 듣는 개인이 사무직과 비교해 느끼는 차이, 부서별로 주어진 업무와 대우의 차이, 그리고 정규직과 계약직 등 신분에 따른 차별이 중요한 불만족 요소라는 것입니다. 결국 다양성과 포용성의 문제로 귀결되는 불만족 요소입니다. 다양성은 눈에 보이거나(예: 성별, 인종, 세대, 부서, 직군) 보이지 않는(예: 가치, 직무, 신분) 차이 이야기입니다. 조직에서 얼마나 차이가 포용되는지가 중요합니다. 다양성은 창의성과 혁신의 원천으로도 관심을 받지만 동시에 갈등을 일으키는 가장 큰 요소로도 지목됩니다. 이를 일컬어 '양날의 검double-edged sword' 효과라고 합니다. 그러므로 이 차이를 어떻게 인식하고 관리해서 긍정적 효과를 내는지가 현대 조직에서 가장 중요한 요소라고 볼 수 있습니다.

최근 미국인사관리협회SHRM 콘퍼런스에서 채용, 보상 등과 같은 세부 세션에 DEI(다양성Diversity, 공정성Equity, 포용성Inclusion을 의미함)를 추가한 것은 실무적 관심사가 늘고 있음을 말해주고 있습니다. 더불어 한국 기업에서도 다양성 담당자를 선임하는 등 적극적으로 대응하기 위해 노력하고 있습니다. 그러나 실제 직장인이 인식하고 느끼는 차이를 해결하기 위한 노력은 아직 부족합니다. 마지막으로 토픽 8번으로 도출된 '성장 기회 부족'은 장점에서 이야기한 '성장 기회 문화'와 '교육 지원 체계'의 연장선에서 볼 수 있고 단점에서 중요한 요소로 대두됨을 알 수 있습니다.

만족 요소들은 엇비슷하고 불만족 요소들은 산업군별로 다르다

텍스트 데이터를 분석해서 지난 10년간 한국 직장인이 이야기하는 만족 및 불만족 요소를 살펴봤습니다. 이 결과를 보는 독자들은 이런 질문을 할 수 있습니다. "산업군별로 만족과 불만족 요소가 다르지 않을까?" "환경이 바뀌면서 요소들의 중요도가 바뀌지 않을까?" "회사를 떠난 사람과 안 떠난 사람이 인지하는 만족과 불만족 요소가 다르지 않을까?" 이에 필자는 만족과 불만족 토픽 라벨을 조금 더 나눠서 다른 각도에서 살펴봤습니다.

우선 만족 요소를 산업군에 따라 나눠서 살펴보면 IT, 건설, 금융, 바이오 및 제약, 제조 및 화학 산업에서는 '연봉과 복지'가 응답 비율이 가장 높았습니다. 그리고 기관 및 협회와 유통·무역·운송 산업에서는 '자유로운 연차 및 휴가' 활용이 더욱 중요한 만족 요인으로 기능함을 알 수 있었습니다. 교육 및 서비스와 식음료 산업에서는 '교육 지원 체계'가 중요하게 나왔습니다. 식음료 산업은 연봉과 복지 경쟁력이 다른 산업 대비 낮으므로 교육 지원 체계 측면에서 기대가 높고 이에 만족도가 높을 것으로 기대할 수 있습니다.

교육 및 서비스 산업은 업의 특성상 본인들 역시 교육이 중요하다고 인지할 수 있습니다. 프로페셔널 및 컨설팅 산업에서는 '성장 기회 문화'가 빈도와 중요도 모두 높게 나왔습니다. 매우 높은 업무 강도와 괜찮은 연봉과 복지를 누리지만 실제로는 그런 일 속에서 배우고 성장할 수 있음을 만족 요소로 뽑은 것입니다. 앞서 정량 분석에서 살펴본 대로 복지 및 급여 만족도가 높은 IT, 건설, 금융, 바이오 및 제약 산업에서는 실제로 텍스트에서도 만족 요인으

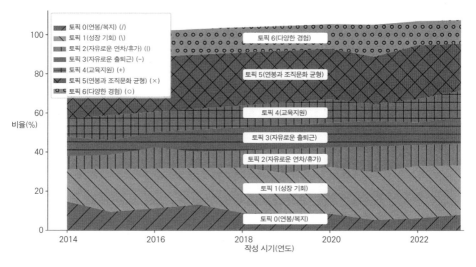

시간 변화에 따른 장점 토픽의 변화

범례:
- 토픽 0(연봉/복지) (/)
- 토픽 1(성장 기회) (\)
- 토픽 2(자유로운 연차/휴가) (|)
- 토픽 3(자유로운 출퇴근) (-)
- 토픽 4(교육지원) (+)
- 토픽 5(연봉과 조직문화 균형) (×)
- 토픽 6(다양한 경험) (○)

세로축: 비율(%)
가로축: 작성 시기(연도)

로 이를 강조하고 있었습니다.

　단점은 산업마다 불만족 요소가 다르게 나왔습니다. 교육 및 서비스, 식음료, 프로페셔널 및 컨설팅 산업은 '야근과 일과 삶의 불균형'을 단점으로 뽑았습니다. IT, 바이오 및 제약 산업은 '성장 기회 부족', 건설업은 '보수적 조직문화', 금융업은 '성과 압박', 기관 및 협회는 '신분에 따른 차별', 유통·무역·운송 산업은 '부서별 차이', 제조 및 화학 산업은 '연봉 불만족'을 주로 이야기했습니다. 이런 결과는 필자가 프로젝트를 함께 진행하는 여러 회사도 비슷한 패턴을 보입니다. 작년에 프로젝트를 함께 진행한 회사의 유능한 직원이 이런 현상을 보고 톨스토이 소설 『안나 카레니나』의 첫 문장인 "모든 행복한 가정은 서로 닮았고 불행한 가정은 제각각 나름으로 불행하다."를 떠올린 적이 있습니다. 아마도 직장인의 만족과

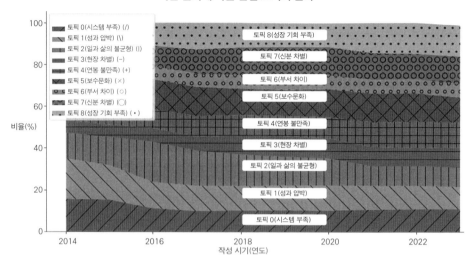

시간 변화에 따른 단점 토픽의 변화

범례:
토픽 0(시스템 부족) (/)
토픽 1(성과 압박) (\)
토픽 2(일과 삶의 불균형) (|)
토픽 3(현장 차별) (−)
토픽 4(연봉 불만족) (+)
토픽 5(보수문화) (×)
토픽 6(부서 차이) (○)
토픽 7(신분 차별) (◯)
토픽 8(성장 기회 부족) (•)

토픽 8(성장 기회 부족)
토픽 7(신분 차별)
토픽 6(부서 차이)
토픽 5(보수문화)
토픽 4(연봉 불만족)
토픽 3(현장 차별)
토픽 2(일과 삶의 불균형)
토픽 1(성과 압박)
토픽 0(시스템 부족)

비율(%)
작성 시기(연도)

불만족을 이야기할 때 가장 잘 들어맞는 문장이 아닌가 싶습니다. 정리하면 한국 직장인의 만족 요소는 비슷하게 분류됐지만 불만족 요소는 산업군별로 다르게 드러남을 알 수 있습니다.

그렇다면 시간에 따른 변화는 어떨까요? 2014년부터 2023년까지 10년간 만족-불만족 토픽이 시간에 따라 비율과 중요도가 바뀌었는지를 살펴봤습니다. 그림 「시간 변화에 따른 장점 토픽의 변화」는 장점 토픽이 시간에 따라서 어떻게 변화했는지를 보여줍니다. '연봉과 복지(토픽 0번)'는 시간에 따라 통계적으로 유의미하게 감소하는 반면 '자유로운 연차와 휴가(토픽 2번)'는 2023년까지 지속해서 증가합니다. 이로써 한국 직장인이 기업에서 만족 요소로 언급하는 일곱 가지 요소 중에서 연봉과 복지는 중요도가 줄어드는 반면 '자율성'은 증가함을 알 수 있습니다.

단점은 어떨까요? 그림 「시간 변화에 따른 단점 토픽의 변화」를 보면 여러 토픽이 시간이 흐르면서 증가하고 감소함을 알 수 있습니다. 연도별로 각 토픽의 비율을 보면 '성장 기회 부족(토픽 8번)'이 눈에 띄게 증가합니다. 다시 말해서 2014년 대비 2023년으로 갈수록 구성원에게 적절한 성장 기회가 주어지지 않는 것이 불만족 요소로서 중요하게 인식됨을 알 수 있습니다. 결국 만족과 불만족에서 중요한 요소는 자율성과 성장 기회임을 텍스트 데이터로 알 수 있습니다.

동기요인에 불만을 가져 떠났고 위생요인에 만족해 남았다

그러면 직장을 떠난 전 직원과 현 직원의 만족과 불만족에는 차이가 있지 않을까요? 그리고 조직과 리더가 우리 직장을 떠난 개인이 만족했고 불만족했던 요인을 알게 된다면 퇴직을 막기 위한 방안을 마련할 수 있지 않을까요? 그래서 필자는 근무 상태인 전직과 현직을 기준으로 만족과 불만족 요소를 구분해서 살펴봤습니다. 전 직원은 회사에 대한 만족 요소로 '연봉과 조직문화 균형'을 주로 언급한 반면 현 직원은 '연봉과 복지'를 주로 이야기했습니다. 불만족 요소로 전 직원은 '야근과 일과 삶의 불균형'을 주로 언급했고 현 직원은 '보수적 조직문화'를 꼽았습니다. 정리하면 회사를 떠난 개인은 연봉과 조직문화의 균형에 만족하며 다녔지만 일과 삶의 균형이 무너지면서 그만둔 가능성이 크고 현 직원은 보수적 조직문화에 불만족하지만 연봉과 복지에 만족하며 다닌다고 할수 있습니다.

이는 허즈버그Herzberg의 2요인 이론two-factor theory으로 설명할 수 있습니다. 동기-위생 이론으로도 알려져 있습니다. 2요인 이론은 직무 만족과 관련된 심리학 모델로 직장에서 직원 만족도에 영향을 미치는 요소를 동기요인과 위생요인motivator-hygiene factor으로 봅니다. 동기요인은 개인의 내적(심리적) 요소와 관련된 성취감, 인정, 보람 있는 일, 성장 등이고 위생요인은 급여, 복지, 작업 조건 등입니다. 2요인 이론을 빌려와서 전 직원과 현 직원 만족·불만족을 분석하면 회사를 떠난 개인은 내적 요인으로 연봉과 조직문화 균형 상태에 만족했으나 야근과 일과 삶의 불균형으로 이 상태가 깨지자 그만둔 것으로 추정합니다. 동기요인이 채워지지 않으면 개인은 불만족으로 나아가기 때문입니다.

반면 현 직원은 보수적 조직문화란 동기요인이 채워지지 않은 상태이기 때문에 불만족하지만 위생요인인 급여와 복지에 만족해서 다닌다고 해석할 수 있습니다. 장기적으로 만족감을 유지하기 위해서는 위생요인이 아니라 동기요인이 중요합니다. 따라서 연봉과 조직문화가 적절하게 균형을 이루면서 보수적이지 않은 조직문화를 추구해야 우리가 지속가능하고 만족스러운 조직 생활을 해나갈 수 있을 것입니다.

4.

직장인은 합리적 이전에
감정적인 존재다

행동경제학으로 만족과 불만족 요소를 설명할 수 있다

지금까지 지난 10년간 한국 직장인의 만족도를 여러 통계와 텍스트 데이터로 살펴봤습니다. 2014년부터 2023년까지 직장생활의 전체 만족도가 크게 높아지지 않았던 반면 일과 삶의 균형은 크게 개선된 것을 알 수 있습니다. 이를 직무별, 산업군별로 보았을 때 복지 및 급여도 중요한 역할을 했지만 일과 삶의 균형 못지않게 선택할 수 있는 자율성과 권한, 성장할 수 있는 직무와 조직문화, 그리고 함께 일하는 동료가 중요한 요소인 것을 알게 됐습니다. 뒤에서 더욱 자세히 살펴보겠지만 직장생활에서 일, 직장, 공간, 동료의 의미가 바뀌고 있고 지금까지 살펴본 데이터 분석 결과는 이런 변화를 반영한 것이라고 할 수 있습니다.

지난 10년간 조직에서의 만족과 불만족 요소의 변화를 살펴보면 최근 관심을 받고 있는 행동경제학 관점이 우리에게 깊숙이 들어왔음을 알 수 있습니다. 행동경제학은 전통 경제학의 '합리적 인간'이라는 전제를 부정하면서 시작합니다. 애덤 스미스는 인간은 최대한 효용을 누리기 위해 합리적 결정을 하는 존재라고 믿었습니다. 그러나 우리는 의사결정에서 모든 정보를 완벽하게 처리해서 최적의 결정을 내리는 것이 불가능합니다. 대신 제한된 정보 처리 능력과 시간 제약을 고려해서 제한된bounded 상황 속에서 최적의 결정을 내릴 뿐입니다.* 또한 동일한 정보라도 어떻게 제시되는지에 따라 우리가 하는 의사결정이 크게 달라집니다.

가령 프로젝트 수행 결과를 95% 성공률이라고 할지, 5% 실패율이라고 표현할지에 따라서 동일한 정보지만 전자가 더욱 긍정적으로 인식됩니다. 그리고 우리는 의사결정을 할 때 손실을 회피하려는 경향이 크고 손실을 보았을 때 느낀 심리적 영향은 이득을 보았을 때보다 강하고 오래갑니다. 더불어 다른 사람의 행동을 보고 자신의 행동을 결정하려는 경향이 강합니다. 특히 불확실한 상황에서는 타인의 행동을 모방하려는 사회적 증거Social Proof 경향성을 갖고 있습니다.

---

* 이러한 경향성은 제한된 합리성Bounded Rationality이라 부릅니다. 허버트 사이먼Herbert Simon이 인간의 의사결정 과정을 설명하기 위해 고안한 개념입니다. 이 이론은 전통적인 합리성 개념에 도전하는 것으로 인간의 의사결정이 완벽하게 합리적일 수 없다는 점을 강조합니다. 이는 인간의 인지적 한계와 정보 처리 능력의 제한 때문입니다. 모든 정보를 처리하고 완벽하게 이해할 수 있는 인간의 능력은 인지적 제약이 있습니다. 또한 사이먼은 인간이 최적의 해결책을 찾기보다는 특정 기준을 만족하는 해결책을 찾는 경향이 있다고 주장합니다. 이를 만족화satisficing라 부르며 최적의 해결책보다는 실현할 수 있고 충분히 만족스러운 해결책을 찾는 것입니다.

감정적 요소가 직장 내 의사결정에 큰 영향을 미친다

앞서 살펴본 직장에서의 만족과 불만족 요소를 행동경제학 관점으로 해석해 보겠습니다. 직장에서 높은 급여와 복지보다 동료와의 관계, 성장할 수 있는 기회 등을 추구하는 것은 전통 경제학 관점에서 보면 합리적이지 않은 선택일 수 있습니다. 높은 급여를 거절하고 현재 직장에서 더 낮은 급여를 받으면서 만족스러운 동료 관계를 누리고 배우려는 경우입니다. 이는 행동경제학 관점에서 볼 때 사회적 증거와 소속감이란 감정이 합리적인 금전적 이득보다 큰 영향을 미친다고 설명할 수 있습니다. 이렇듯 감정은 직장에서 의사결정에 중요한 역할을 합니다. 배울 수 있는 상사는 직장 내 행복감과 소속감을 제공하고 직무 만족도를 높입니다. 반면 직장 내 갈등이나 상사의 부정적인 피드백은 불안감이나 스트레스를 높여 직무 만족도를 낮추기도 합니다. 이러한 감정적 요소는 합리적으로 설명하기 어려운 직장 내 만족과 불만족 요소로 볼 수 있습니다.

이렇듯 행동경제학은 전통 경제학과 다르게 인간이 늘 합리적인 존재가 아님을 인정하면서 감정의 중요성에 집중합니다. 가령 우리가 손실 회피 편향을 보이는 것은 두려움과 같은 감정이 강하게 행동에 영향을 미치는 것으로 설명할 수 있습니다. 사회적 증거는 타인과 동화되고 소속감을 느끼고자 하는 감정과 연계됩니다. 이처럼 행동경제학에서는 실제 인간의 행동과 의사결정이 어떻게 일어나는지를 이해하는 과정에서 감정을 중요하게 다룹니다. 『책은 도끼다』의 저자 박웅현 TBWA 조직문화연구소장은 한 인터뷰에

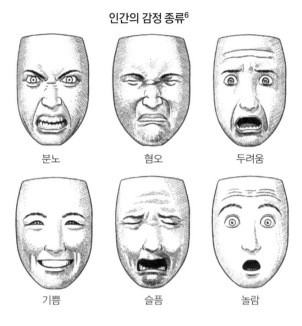

인간의 감정 종류[6]

분노   혐오   두려움

기쁨   슬픔   놀람

서 조직문화가 하는 일은 감동感動이라고 강조했습니다.[7] 조직 내 개인은 느껴야 행동한다는 것입니다. 긍정적 감정을 느꼈을 때 개인은 조직목표 달성과 성과 창출을 위해 움직일 것이고 부정적 감정을 느꼈을 때 반생산적 행동을 한다고 볼 수 있습니다. 이렇듯 직장인이 행동하게 하려면 감정의 이해가 중요합니다.

감정을 이해하는 방법은 여러 가지가 있는데 가장 대표적인 것이 표정과 동작을 참고하는 것입니다. 폴 에크먼Paul Ekman은 인간의 보편적 감정으로 분노, 혐오, 두려움, 기쁨, 슬픔, 놀람 등 여섯 가지를 제시했습니다. 이런 감정은 표정을 통해서 쉽게 파악할 수 있습니다. 최근에는 알고리즘을 활용해서 인간 표정을 분류하는 기술이 상용화됐습니다. 가령 마이크로소프트의 자회사인 뉘앙스

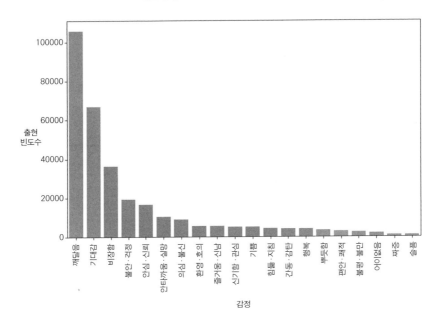

기업의 장점을 서술할 때 드러나는 감정

는 얼굴 표정을 분석하는 알고리즘을 활용해서 운전자가 피곤한지 확인한 후 적절한 넛지nudge를 제공합니다.[8] 다음 방법은 우리가 사용하는 언어를 통해서 감정을 추론하는 것입니다. 가령 "모든 것이 완벽한 날이었어요!"라는 표현에서는 긍정적인 단어와 어조를 통해 기쁨과 만족감이란 감정을 추론할 수 있습니다.

기업의 장점에 대해 기대하고 단점에 대해 실망한다

한국 직장인이 느끼는 감정을 알아보기 위해 필자는 소셜 네트워크에서 수집한 기업의 장점, 단점, 경영진에 관한 텍스트를 활용했습니다. 전두영과 김청택(2022)이 개발한 한국어 감정 분석 알고

기업의 단점을 서술할 때 드러나는 감정

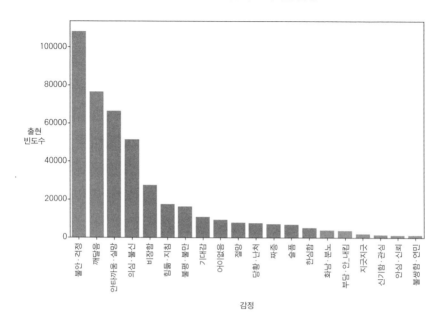

리즘인 KOTE_{Korean Online Comments Emotions}를 활용하기 위해 수작업으로 한국어 온라인 댓글 5만 개를 43개의 감정(예: 기대감, 불안·걱정, 의심·불신, 경악, 화남·분노, 고마움 등)과 감정 없음이란 카테고리로 라벨링하여 인터넷에 코드를 공개했습니다.[9] 우선 필자는 KOTE를 활용해서 22만 건의 데이터를 기업의 장단점, 경영진 측면에서 분석한 후 어떤 감정이 주요하게 나왔는지를 살펴봤습니다. 그리고 한국 직장인이 가장 빈번하고 강하게 느끼는 감정을 10개씩 추출해서 이런 감정을 만들어 낸 사건과 행동이 무엇인지 텍스트 마이닝을 통해서 요약했습니다.

우선 기업의 장점을 서술할 때 한국 직장인은 '깨달음' '비장함'

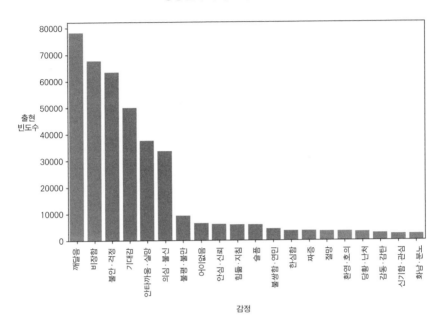

경영진에 대해 드러나는 감정

'불안·걱정' '기대감' 등을 표현했습니다. 가장 많이 표현된 깨달음 과 비장함은 중립적neutral 감정입니다. 기대감은 긍정적 감정으로 새롭거나 성취감을 느끼거나 조화로운 활동을 이야기할 때 드러납 니다. 불안·걱정은 부정적 감정으로 특정 사건이나 미래에 대해서 확실함을 못 느낄 때 드러나는 감정입니다. 한편으로는 기업에 단 점 요인(예: 성과 압박)이 없어서 좋다는 식으로 표현한 것으로도 이 해할 수 있습니다. 이 밖에 안심·신뢰, 안타까움·실망, 의심·불신 등도 자주 표현된 감정입니다. 정리하면 기업의 장점으로 표현하 는 텍스트에서 직장인은 깨달음, 비장함이란 중립적 감정을 자주 보이면서도 기대감과 불안, 걱정을 함께 느낌을 알 수 있습니다.

다음으로 기업의 단점을 서술할 때는 불안·걱정, 깨달음, 안타까움·실망, 의심·불신 등이 주로 드러남을 알 수 있습니다. 즉 기업에 불만족하는 요소에 대해 명확하게 본인 감정을 텍스트에 표현함을 알 수 있습니다. 특히 불안하고 걱정되는 요소는 조직의 사업, 관계, 경력 관리까지 다양한 측면을 고려하고 있었습니다.

경영진에 대해서는 기업의 장점과 마찬가지로 깨달음과 비장함이란 중립적 감정을 보였고 기대감과 불안·걱정이 공존하는 것을 알 수 있습니다. 이렇게 감정이 우리의 현재 상태를 보여주는 것이라면 이런 감정을 만들어내는 사건과 행동은 무엇인지 알아보는 것이 중요하겠죠.

기업 장점을 서술할 때 기대감을 느끼는 텍스트에서는 주로 '복지, 연봉, 자부심' 등 환경적 요소와 '성장, 기회, 교육' 등 일과 조직 문화와 관련된 요소가 드러남을 알 수 있습니다. 반면 불안·걱정을 느끼는 텍스트에서는 '수직, 문화, 실적, 압박' 등이 드러납니다. 안심·신뢰를 느낄 때는 '환경, 쾌적, 편안함' 등을 언급하는 것으로 보았을 때 쾌적하고 편리한 환경에서 느끼는 감정으로 이해할 수 있습니다. 기업의 단점에 관한 텍스트에서 불안·걱정을 느끼게 되는 일과 사건에 대해서는 '꼰대, 보수, 수직, 문화'를 언급했고 안타까움·실망을 느낄 때는 '체계, 시스템, 부족' 등을 언급했습니다. 경영진에 대해서는 불안·걱정을 느낄 때 '계약, 정규직, 차이' 등이 도출됐고 기대감을 느낄 때는 '투자, 발전, 신규, 미래' 등을 언급했습니다.

정리하면 긍정적 감정인 기대감과 안심·신뢰를 느끼게 하는 주요한 요소는 '연봉과 복지' '성장 기회' '쾌적한 환경' '미래에 대한 투자'임을 알 수 있습니다. 반면 부정적 감정인 불안·걱정과 안타까움·실망을 느끼게 하는 것은 주로 '수직 및 꼰대 문화' '실적 압박' '체계 부족' '신분에 따른 차이'임을 알 수 있습니다.

직장에서 조직과 리더는 공감을 중요하게 다뤄야 한다

결론적으로 앞서 한국 직장인이 만족하거나 불만족하는 요소를 제시한 바 있는데 관련 요소가 충족되면 구성원의 감정 역시 긍정적인 방향으로 움직일 수 있다는 점이 확인됐다고 볼 수 있습니다. 이에 더해 우리에게 중요한 시사점으로 조직 내 개인이 느끼는 감정의 종류는 다양하다는 것을 제시합니다. 단순히 긍정적 또는 부정적 방향만으로 감정을 설명하기에는 여러 가지 감정이 공존하고 있으며 이를 끌어내는 일과 사건도 독립적입니다.

이런 측면에서 조직과 리더는 공감empathy을 중요하게 다루어야 합니다. 마이크로소프트 CEO 사티아 나델라Satya Nadella는 한 유튜버와의 인터뷰에서 조직 내·외부 이해관계자에게 공감할 수 있는 능력이야말로 리더와 개인의 가장 중요한 능력이라고 강조했습니다.[10] 지금과 같이 환경이 불확실할 때 리더와 개인에게 가장 중요한 것은 고객에게 공감함으로써 그들의 표현되지 않은 니즈를 찾아내려는 노력이라는 것입니다. 동시에 그는 공감은 어렵지만 훈련을 통해 개발할 수 있는 능력이라고 말합니다.

그는 저서 『히트 리프레시』에서 본인이 공감이 결여된 사람이었으며 어떻게 공감 능력을 개발하게 됐는지를 소개합니다. 그는 과거에 한 회사 면접에서 이런 질문을 받았습니다. "길을 걷던 도중에 울고 있는 아이를 발견했습니다. 어떻게 하시겠습니까?" 그는 "빨리 119에 신고하겠습니다."라고 대답했습니다. 그러자 면접관이 이렇게 말했다고 합니다. "아이가 울면 먼저 안아서 달래야죠." 그때 그는 '내가 공감력이 부족한 게 아닌가?'라고 생각했다고 합니다. 이후 장애를 갖고 태어난 아이를 키우면서 다양한 사람들의 입장에서 생각하고 느끼려고 노력했습니다. 이는 그가 마이크로소프트를 불확실한 환경에 발맞춰 성공적으로 변화하도록 이끈 원동력이 됩니다.

지금까지 살펴본 대로 우리는 직장생활을 하면서 기대감, 비장함, 불안, 걱정 등 여러 감정을 느끼며 살아갑니다. 그렇다면 우리는 감정을 어떻게 이용해야 할까요? 우선 감정이 우리가 하는 의사결정에 크게 영향을 미친다는 것을 인정해야 합니다. 그리고 상사와 동료를 이해하는 중요한 렌즈로서 기능하는 것도 알아야 합니다. 우리가 항상 합리적인 결정을 하지 않는 데는 결정적인 이유가 있는데 그중 하나가 감정입니다. 상사와 동료들이 하는 여러 의사결정 역시 감정에서 자유롭지 못합니다.

대니얼 카너먼은 『생각에 관한 생각』의 저자이며 행동경제학에 혁혁한 공을 세우고 노벨경제학상을 받았습니다. 그는 『노이즈』란 책에서 우리의 의사결정에 얼마나 많은 오류와 잡음이 있고 여기에 크게 영향을 받는지를 이론과 데이터로 설명합니다. 감정 역시 우리의 의사결정에 많은 오류와 잡음을 만든다고 합니다. 그러므로 우리는 자신, 타인, 그리고 조직의 의사결정을 이해하는 데 감정이 중요한 역할을 한다는 것을 꼭 인지해야 합니다. 더 나아가 조직 내 우리 고객, 나, 그리고 타인을 이해하기 위한 중요한 능력이 바로 공감이라는 점 역시 잊지 말아야 합니다.

데이터는 예측하지 않는다

기계적 판단이 예측 정확도가 높지만 다 설명할 수는 없다

한 분야에 정통한 사람을 보통 전문가라고 부릅니다. 영어로 전문가를 뜻하는 엑스퍼트expert는 라틴어 엑스페르투스expertus에서 유래됐습니다. 이는 '시험을 거친' 혹은 '경험을 쌓은'이라는 뜻입니다. 따라서 전문가는 일반적으로 특정 주제나 분야에서 광범위한 지식과 경험을 갖춘 사람으로 정의됩니다. 의사, 변호사, 판사 등은 각 영역의 최고 전문가로서 사회적 권위를 갖기에 대중은 그들의 의사결정을 신뢰합니다. 그러나 전문가가 내리는 판단에 오류가 있다는 것은 이미 오래전부터 다양하게 연구됐습니다. 이 책에서는 현상을 바라보는 방법으로 데이터와 분석을 활용하는데 이런 기계적 판단과 비교해 인간(전문가)의 판단이 얼마나 효과적인지를 진행한 연구는 생각보다 역사가 오래됐습니다.

미국의 심리학자 폴 밀Paul Meehl은 1954년 인간적 판단과 기계적 판단의 차이를 분석해서 발표했습니다.[11] 그는 학업 성과와 정신 질환 예후 같은 분야에서 임상적 판단과 기계적 예측을 비교하는 20개의 연구 결과를 분석했습니다. 그 결과 단순한 알고리즘을 활용한 방법이 인간적 판단보다 우월하다는 결론을 도출했습니다. 이후 여러 연구에서 기계적 판단이 예측 정확도와 효과성 측면에서 우수하다는 게 드러났습니다.

필립 테틀록Philip Tetlock은 저서 『전문가의 정치 판단』에서 약 300 명에 달하는 기자, 학자, 정치인 등 소위 전문가가 내린 예측 정확도를 조사했습니다. 약 20년간 진행된 이 연구에서 전문가의 판단이 생각보다 낮은 정확도를 보였음을 이야기하면서 '평균적인 전문가의 예측 정확도는 침팬지가 과녁판에 화살을 던져 맞추는 수준과 비슷하다.'라는 문장으로 전문가 판단의 오류에 관해 이야기했습니다. 이후 여러 판단 문제에서 기계적 판단이 인간적 판단에 비해 높은 결과를 보였지만 의사, 판사 등의 전문가들은 이를 받아들이기 어려워하며 기계적 판단의 오류를 지적해 왔습니다.[12]

이처럼 오랫동안 인간적 판단과 기계적 판단을 비교해 왔고 예측 정확도 측면에서는 편향과 오류가 적은 기계가 비교적 우위를 보여왔습니다. 필자는 현재 실무를 다루면서 학계에서 논문을 발표하고 있습니다. 다양한 회사와 프로젝트를 하면서 주로 쓰는 방법이 바로 데이터와 분석으로 대표되는 기계적 판단(알고리즘)의 활용입니다. 그러나 기계적 판단이 잘하지 못하는 영역이 바로 왜 이런 일이 벌어졌는지에 대한 설명입니다. 딥러닝을 포함한 머신러닝은 복잡한 환경을 모델링해서 예측 정확도가 높은 판단을 하지만 어떻게 그런 결과를 만들었는지는 정확하게 설명하지 못합니다. 그러므로 "어떤 일이 일어날까?"는 컴퓨터가 잘 답변할 수 있어도 "왜 일어났지?"와 "무엇을 해야 하지?"와 같은 질문에서는 인간의 해석이 개입돼야 합니다.

상관관계에 인간의 해석을 더해 현상의 원인을 설명해야 한다

지금까지 데이터와 분석 결과를 살펴보았고 이제는 "우리는 언제 만족하지?"를 알고리즘 관점에서 분석하여 비교적 객관적 판단의 근거를 세우고 이에 기반해서 "왜 그렇지?"를 해석해 보고자 합니다. 우선 한국 직장인이 지난 10년간 만족감을 느끼는 데 가장 큰 영향을 미친 요인이 무엇인지 답하기 위해서 상관분석을 실시했습니다. 잘 알려진 대로 상관은 인과를 설명하지 못합니다. 그러나 상관관계가 전제되지 않은 인과는 기대하기 어렵습니다. 그러므로 만족도의 원인을 찾기 위한 첫 번째 여정은 관련된 요소와의 관련성을 살펴보는 것입니다.

그림 「만족도와 관련 변수의 상관관계」를 보면 전체 만족도와 관련성이 가장 높은 요소는 조직문화와 경영진입니다. 앞에서 산업군별, 직무별, 근무 상태(전직, 현직)를 세부적으로 구분한 후 텍스트 마이닝을 실행한 결과 가장 중요한 요소 중 하나로 복지 및 급여가 도출됐습니다. 전체 만족도를 설명하는데 조직문화-경영진-복지 및 급여 순이라니 좀 의아하게 생각할 수 있을 것입니다. 다음으로는 승진 기회 가능성과 일과 삶의 균형 순입니다. 여기서 눈여겨봐야 할 점은 만족도와 상관관계 크기가 모두 0.5 이상이란

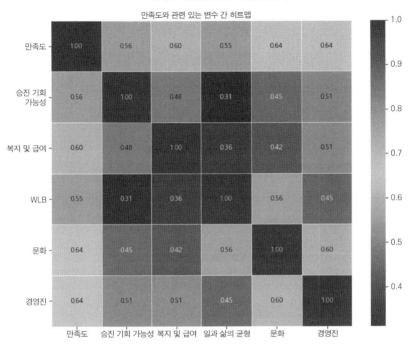

만족도와 관련 변수의 상관관계

만족도와 관련 있는 변수 간 히트맵

점입니다.

데이터 컨설팅을 하기 위해 여러 조직을 다니면 자주 받는 질문이 "상관과 인과는 뭐가 다른가?" "얼마나 많은 샘플이 필요한가?" "상관관계 크기는 얼마나 되어야 하는가?" 등입니다. 우선 상관관계의 유효한 크기는 어느 정도여야 하는가에 답하기 위해서는 분석의 맥락과 샘플 사이즈 등이 중요합니다. 물리학 연구에서는 상관관계가 0.9 이상이 나와도 불충분하다고 해석할 때도 있는 반면 사회과학 분야에서는 0.3 이상만 되어도 크다고 간주하는 경향이 있습니다.

리처드 연구팀은 100년 동안 2만 5,000건의 연구와 800만 명의 피험자를 상대로 진행된 대규모 연구를 통해 일반적으로 사회심리학 분야에서는 0.21가량이 일반적 상관관계라고 밝힌 바 있습니다.[13] 상관관계가 매우 높을 것으로 기대되는 성인의 키와 발 크기의 관련성이 0.6임을 고려했을 때 상관관계 0.5 이상은 매우 높은 것으로 볼 수 있습니다. 행동과 인지과학 영역에서 시행된 708건의 연구를 살펴본 결과, 보고된 상관계수 중 3%만이 0.5 이상을 보였습니다.[14] 이처럼 상관계수가 0.5 이상을 보이는 경우는 매우 드물고 또한 강력하다고 추정할 수 있고 샘플 사이즈를 고려하면 더욱 중요한 함의를 보인다고 할 수 있습니다.

지금까지 우리가 살펴본 여러 가지 요소가 만족도와 충분한 관련성이 있는 것을 상관관계로 살펴보았고 조직문화-경영진-복지 및 급여 순으로 관련성이 높은 것도 알게 됐습니다. 그러나 여러분은 무엇이 만족도에 영향을 미치는지 이해하고 싶을 것입니다. '이해'라는 용어는 다양한 맥락에서 서로 다른 의미를 지닙니다. 예를 들어 수학적 개념을 파악하는 것과 사랑의 본질을 깨닫는 것은 서로 다르게 이해해야 합니다.

알고리즘으로 직장인의 만족도를 결정하는 원인을 밝히다

대개 사회과학적 논의와 우리 일상에서 어떤 것을 이해한다고 할 때 그것은 사건이나 현상의 원인을 파악하는 것을 의미합니다. 따라서 무언가를 이해한다는 것은 그것의 인과관계를 설명할 수 있다는 것입니다. 사회과학 영역에서 데이터로 인과관계를 증명하는 것은 불가능합니다. 그렇지만 앞서 이야기한 상관관계를 기반으로 우리의 이론, 경험, 사례에 근거해서 인과를 주장할 수는 있습니다.[15] 이런 한계를 명확하게 하고 만족도에 영향을 미치는 원인이 무엇인지 알아보겠습니다.

우선 사회과학 영역에서 인과적 판단을 위해 다중회귀 알고리즘이 자주 활용됩니다. 다중회귀 알고리즘은 독립변수들의 가중합을 이용하여 예측값을 생성합니다. 이 과정에서 종속변수와의 상관관계를 최대화하는 최적의 가중치를 결정합니다. 이 최적의 가중치는 오차의 제곱합을 최소화하는 방식으로 결정되며 이는 통계학에서 널리 사용되는 최소제곱법의 전형적인 예시입니다.* 이 방법을 통해 종속변수와 밀접한 연관성이 있는 독립변수에 높은 가중치가 부여되고 관련성이 없는 변수의 가중치는 0에 가까워집니다. 또한 가중치는 음수가 될 수도 있습니다. 요컨대 다중회귀 알고리즘은 여러 가지 요인들이 얼마나 변수를 잘 설명하고 예측하는지 알기 위해 요긴하게 쓰일 수 있습니다.

그러면 조직문화, 경영진, 일과 삶의 균형, 복지 및 급여, 승진 기회 가능성이 조직 만족도를 얼마나 잘 설명하고 예측할 수 있는지에 대한 답을 다중회귀 알고리즘으로 답하고자 합니다.

분석 결과에 따르면 만족도에 가장 큰 영향을 미치는 요인은 복지 및 급여, 조직문화, 경영진, 승진 기회 가능성, 일과 삶의 균형 순

---

* 최소제곱법은method of least squares은 통계학과 데이터 과학에서 널리 활용되는 기법으로 관측된 데이터에 가장 잘 맞는 선이나 곡선을 찾는 데 활용됩니다. 이 방법의 핵심은 관측된 데이터(갖고 있는 데이터)와 추정된(예측된) 모델 사이의 차이(오차)를 최소화하는 것입니다. 즉 실제 데이터와 추정된 선 사이의 수직 거리(오차)를 각각 제곱한 뒤 이 값들의 합을 최소화하는 선을 찾는 것입니다.

(회귀계수 기준으로 0.24, 0.21, 0.20, 0.17, 0.16)으로 나타났습니다. 그렇다면 상관관계가 가장 높았던 조직문화와 경영진이 왜 복지 및 급여보다 영향도에서는 낮게 나왔을까요? 이는 분석 방법 차이에서 기인하는데 상관관계 분석은 두 변수 간의 관계 강도와 방향을 측정하기 때문입니다. 그러므로 다른 변수의 영향을 고려하지 않습니다. 반면 다중회귀 알고리즘에서는 다른 변수들이 고정되어 있을 때 한 변수가 목표 변수에 미치는 영향을 측정하기 때문에 인과를 주장할 때 주로 활용되는 분석 방법입니다.

지금까지 분석 결과로 보면 알고리즘에 기반한 기계적 판단은 내려졌다고 볼 수 있습니다. 한국 직장인의 만족도에 가장 큰 영향을 미치는 요소는 복지 및 급여, 조직문화, 경영진, 승진 기회 가능성, 일과 삶의 균형 순입니다. 여기까지가 데이터와 알고리즘이 해줄 수 있는 답입니다. 그러나 우리가 궁금한 것은 "왜 그리고 어떻게 만족도를 개선할 수 있을까?"입니다. 여기서부터 인간의 이론, 경험, 사례가 힘을 발휘합니다. 하나씩 그 답을 찾아보겠습니다.

2장

직장 선택 기준은
어떻게 바뀔 것인가

1.

복지와 급여는 중요 요소지만
전부는 아니다

복지와 급여는 최근 물가 상승으로 더 중요해졌다

우선 복지와 급여가 왜 만족도에 가장 중요한 요소로 10년간 데이터에서 드러났을까요? 몇몇 독자분들은 당연한 이야기를 왜 하느냐며 필자에게 핀잔을 줄 수도 있겠습니다. 그러나 흥미롭게도 복지와 급여가 이토록 중요해진 것은 최근 10년의 일입니다. 글로벌 온라인 여론조사기관 중 하나인 퀄트릭스Qualtrics가 2023년 전 세계 27개국, 28개 산업군의 약 2만 9,000명의 직장인에게 설문해서 발표한 자료에 따르면 급여와 복지Pay & benefits가 직장 선택에 가장 중요한 요소였다고 밝힌 바 있습니다.[1]

카츠와 벤저민Katz & Benjamin은 퀄트릭스가 10년 이상 해당 설문을 해왔는데 2023년에 처음으로 급여와 복지가 가장 중요한 요소로 나왔다고 강조했습니다. 직장인에게 "왜 일하세요?"라고 묻는다면 오랫동안 첫 번째 답은 "먹고 살려고."였습니다. 자신의 생활

전 세계 실질임금 변화

연간 평균 글로벌 실질임금 성장(2006~2022년, 백분율)

■ 글로벌(좌)   ■ 글로벌(중국 제외 데이터, 우)

−노트: 2022년 임금 성장은 2021년의 해당 기간과 비교하여 추정함
−출처: ILO 추정치, ILOSTAT 및 ILO 글로벌 임금 데이터베이스에서 공식 국가 자료를 바탕으로 분석함

을 위해서 혹은 가족 부양을 위해서 직장에 시간을 투입하여 그 대가로 월급을 받은 것입니다. 그런 맥락에서 직장 선택에 돈이 더욱 중요해진 이유 중 하나는 바로 실질임금의 하락입니다. 그림「전 세계 실질임금 변화」는 국제노동기구ILO에서 2023년에 발표한 2006~2022년 전 세계 실질임금 추이입니다. 그림대로 16년 만에 처음으로 전 세계 실질임금이 2022년에 하락했고 2023년에는 그런 경향이 더욱 공고화된 것으로 추정됩니다.

이는 우리 모두 체감하는 대로 물가는 엄청나게 올랐는데 급여는 크게 상승하지 않은 데 기인합니다. 즉 인플레이션과 급여 정체로 인해 실질적으로 내 급여 가치가 떨어졌음을 의미합니다. 이에 직장인은 더욱더 적극적으로 돈을 선호하게 되고 조직에서 돈과 같은 역할을 하는 복지에 관심을 두게 된 것입니다. 그리고 급여와 복지가 직장 선택에 중요한 기준이 됐습니다.

퀄트릭스는 현대 직장인에게 돈이 갖는 중요성을 알아보기 위해 설문과 데이터 시뮬레이션을 합니다. 2022년 여름 미국, 영국, 호주의 10대 산업군 직장인 약 8,000명을 대상으로 직장 선택에서 가장 중요한 요소가 무엇인지 물어보았고 앞에서 밝힌 결과와 같이 23.6%가 급여라고 답했습니다.[2] 다음으로 역할 정합성role-fit, 시공간 유연성flexibility, 업무량workload을 합쳐서 46.8%였으며 조직 내 관계social connection, 커리어 경로career trajectory 등이 29.6%로 나왔습니다. 이후 데이터 시뮬레이션을 위해 '급여가 최상급이고 나머지 요소(예: 역할 정합성, 유연성 등)가 중간 수준인 직장'과 '급여는 최저인데 나머지 요소가 최상인 직장'의 상황을 가정했습니다. 분석한 결과 64%가 '급여 최상 및 나머지 요소 중간 직장'을 선택했습니다. 이는 현대 직장인에게 급여가 갖는 힘을 보여주는 대표적인 설문이자 시뮬레이션 결과라고 할 수 있습니다.

급여는 특정 수준까지만 중요하고 그 후 다른 요소가 부각된다

그렇다면 급여와 복지가 낮으면 직장생활의 만족도는 낮을 수밖에 없을까요? 그리고 생산성은 계속해서 떨어질까요? 지금까지 한국 직장인이 작성한 22만 건의 데이터와 알고리즘을 통해 만족도에 가장 큰 영향을 미친 요소가 복지와 급여임을 밝혔고 최근 그 중요도가 더 커진 이유를 국제노동기구의 세계임금보고서와 퀄트릭스의 데이터 등을 통해서 확인했습니다. 이를 단순화하면 돈을 많이 받으면 만족도도 증가한다고 주장할 수 있을 것입니다. 그러나 이런 주장에 대한 여러 반증이 다양한 연구로 제시됐습니다.

우선 리처드 이스털린Richard Easterlin이 2022년 출판한 『지적 행복론』을 보면 지난 50년간 여러 데이터를 통해 개인 소득과 행복은 비례하지 않았습니다. 더불어 하버드대학교 연구팀이 지난 85년간 추적한 연구에서 신체 건강과 행복에 가장 중요한 영향을 미치는 요소는 돈이나 명예가 아니라 '의지할 만한 관계'였다고 합니다.[3] 독일 사회학자 마틴 슈리더의 저서 『만족한다는 착각』에서도 역시 돈은 특정 수준까지만 만족감에 영향을 주고 이후 통계적으로 유의한 수준으로 만족감을 높이지 못한다고 밝혔습니다. 정리하면 장기적 관점에서 급여는 만족과 행복에 크게 기여하지 못한다는 것입니다. 그렇다면 한국은 어떨까요? 한국보건사회연구원 조사에 따르면 근로소득이 월 600만 원일 때 가장 행복했으며 1,100만 원까지는 행복감이 조금씩 증가합니다.[4]

물론 직장인의 만족도와 행복감에 돈의 영향이 아예 없는 것은 아닙니다. 앞선 연구가 밝힌 대로 특정 구간까지 돈은 만족도와 행복감에 영향을 미칩니다. 그리고 세대에 따라 그 영향도가 다름을 알 수 있습니다. 미국의 여론조사기관 퓨리서치센터 조사에 따르면 2023년 기준 '많은 돈'이 중요하다고 응답한 연령별 비율은 18~29세가 35%, 30~49세가 26%, 50~64세가 19%로 연령이 낮을수록 급여가 삶의 만족도에 미치는 영향이 큼을 알 수 있습니다.[5] 한국 역시 마찬가지로 오픈서베이가 2022년 9월 발표한 「Z세대 트렌드 리포트」에 따르면 현재 20~30대로 표현되는 Z세대의 62.7%가 행복을 위한 요소 중 '소득과 재산'을 가장 중요한 것으로

뽑았습니다.[6]

종합하면 직장인의 만족과 행복에 급여는 일정 수준에 도달하는 사회 초기에는 주요한 요소로 영향을 미치지만 특정 시간과 구간에 도달하면 다른 요소가 더욱 중요하게 작용함을 알 수 있습니다. 그렇다면 장기적으로 우리 개인과 조직은 만족도와 행복감을 높이기 위해서 무엇을 추구해야 할까요?

입소스Ipsos가 2023년 3월 전 세계 32개국 18~74세 성인을 대상으로 설문한 「세계 행복 2023Global Happiness 2023」에 따르면 세계 행복지수는 2년 연속 증가했으며 행복에 가장 중요한 영향을 미치는 요소로 '삶에서의 의미감' '자율성과 통제감' '웰빙'을 뽑았습니다(그림 「행복의 주요한 우선순위」).[7] 또한 퓨리서치센터가 미국 직장인 약 5,100명을 대상으로 2023년 9월 조사한 바에 따르면 만족스러운 삶을 살기 위해 가장 중요한 것으로 약 71%가 '좋아하는 직업이나 경력을 갖는 것'이라고 응답했고 '친한 친구를 갖는 것'이 61%, '자녀를 갖는 것'이 26%, '많은 돈을 갖는 것'이 24%를 차지했습니다.[8]

그렇다면 한국인에게 행복의 가장 중요한 요소는 무엇일까요? 한국보건사회연구원 조사에 따르면 '좋은 배우자와 행복한 가정을 이루는 것(31%)' '건강하게 사는 것(26.3%)' '돈과 명성을 얻는 것(12.7%)' '소질과 적성에 맞는 일을 하는 것(10.4%)'임을 알 수 있습니다.[9] 또한 「세계행복보고서 2023World Happiness Report 2023」은 전 세계 140개국의 국가당 약 1,000명을 대상으로 설문을 진행했는데 한국의 행복지수는 137개국 중 가운데인 57위를 차지했습니

행복의 주요한 우선순위

행복의 주요 요인

삶의 각 측면에 대한 만족도와 보고된 행복감의 상관관계

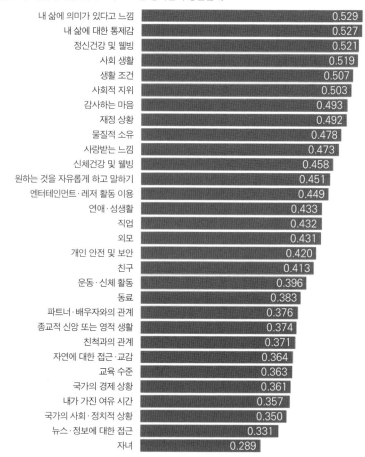

내 삶에 의미가 있다고 느낌	0.529
내 삶에 대한 통제감	0.527
정신건강 및 웰빙	0.521
사회 생활	0.519
생활 조건	0.507
사회적 지위	0.503
감사하는 마음	0.493
재정 상황	0.492
물질적 소유	0.478
사랑받는 느낌	0.473
신체건강 및 웰빙	0.458
원하는 것을 자유롭게 하고 말하기	0.451
엔터테인먼트·레저 활동 이용	0.449
연애·성생활	0.433
직업	0.432
외모	0.431
개인 안전 및 보안	0.420
친구	0.413
운동·신체 활동	0.396
동료	0.383
파트너·배우자와의 관계	0.376
종교적 신앙 또는 영적 생활	0.374
친척과의 관계	0.371
자연에 대한 접근·교감	0.364
교육 수준	0.363
국가의 경제 상황	0.361
내가 가진 여유 시간	0.357
국가의 사회·정치적 상황	0.350
뉴스·정보에 대한 접근	0.331
자녀	0.289

32개국 75세 미만 성인 2만 2,508명 대상 온라인 조사
(인터뷰 기간 2022년 12월 22일~2023년 1월 6일)

다.[10] 한국의 행복지수에서 '1인당 국내총생산GDP'과 '건강 기대 여명'은 비교적 높게 나오지만 '삶을 선택할 자유' 측면은 매우 낮게 나온 것을 알 수 있습니다. 결국 장기적 관점에서 직장생활의 만족도와 행복감을 높이기 위해서는 '일에서의 의미 추구' '자율성' '좋은 관계'가 중요하다고 할 수 있습니다.

향후 경영진과 조직문화가 만족도에 더 큰 영향을 끼칠 것이다

알고리즘이 데이터를 기반으로 설명한 만족의 가장 중요한 요소는 복지와 급여지만 장기적 관점에서 인간적 판단과 해석을 더한다면 우리에게 가장 중요한 요소는 다릅니다. 그렇다면 "앞으로는 어떤 요소가 우리 만족도에 중요해질까?"에 대한 예측적 판단에 답을 하기 위해 머신러닝 알고리즘 중 하나인 '랜덤포레스트Random Forest'를 활용해서 데이터를 분석했습니다. 머신러닝은 컴퓨터가 데이터에서 학습하고 미래의 특정 목푯값을 추정(예측)하는 데 쓰입니다. 즉 과거 데이터에서 패턴을 인식하고 이를 통해 새로운 데이터에 대한 예측을 수행하는 것입니다. 랜덤포레스트는 여러 개의 결정트리decision tree를 결합해서 하나의 모델을 만들고 모든 트리의 예측을 종합해서 최종 결과를 도출하는 알고리즘입니다.

이번 주말에 야외로 소풍을 갈지를 결정하는 데 랜덤포레스트 알고리즘을 활용한다고 가정해 봅시다. 이 경우 과거 날씨 데이터(예: 기온, 강수량, 풍속 등)와 소풍을 갔는지(예: 갔다, 안 갔다)를 수집하고 여러 트리 조합을 만듭니다(예: 기온과 풍속에 중점을 둔 트리, 강수량과 기온에 중점을 둔 트리 등). 그리고 각 결정트리는 날씨 데이터

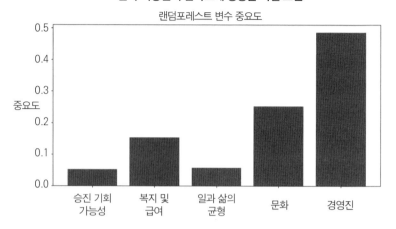

한국 직장인의 만족도에 영향을 미칠 요인

랜덤포레스트 변수 중요도

중요도

승진 기회 가능성 · 복지 및 급여 · 일과 삶의 균형 · 문화 · 경영진

를 바탕으로 "소풍을 갈 것인가?"에 대한 예측을 하는데 "비가 오면 안 간다." 혹은 "기온이 25도 이상이면 간다." 등의 결론이 날 수 있습니다. 마지막으로 랜덤포레스트는 모든 트리의 예측을 종합해서 최종 의사결정을 내립니다.

이처럼 데이터를 학습용과 확인용으로 구분해서 모델을 학습시키고 학습된 모델에게 테스트 데이터를 주고 예측력을 보는 것입니다. 우리 데이터에서는 복지 및 급여, 조직문화, 경영진, 일과 삶의 균형, 승진 기회 가능성이라는 다섯 가지 독립변수와 전체 만족도를 학습용과 확인용으로 구분해서 모델을 학습시키고 확인용으로 예측 정확도를 볼 수 있는 거죠. 그림 「한국 직장인의 만족도에 영향을 미칠 요인」을 보면 랜덤포레스트 알고리즘을 활용해서 다섯 가지 요소 중에 전체 만족도를 가장 잘 예측하는 요소를 예측했더니 경영진-조직문화-복지 및 급여-일과 삶의 균형-승진 기회

가능성 순으로 나옴을 알 수 있습니다. 이는 머신러닝 알고리즘을 통해 기계가 학습하고 패턴을 바탕으로 어떤 변수가 더욱더 중요해질 것인가를 추정(예측)한 결과이기 때문에 향후 경영진과 조직문화가 직장인의 만족도에 더욱 큰 영향을 끼칠 수 있다고 생각해 볼 수 있습니다.

이제 복지 및 급여 못지않게 직장인의 만족도에 영향을 주고 있고 미래에 더 크게 영향을 미칠 수 있는 다른 요소에 대해서 알아보겠습니다.

2.

경영진의 자질은 앞으로
더 중요해질 전망이다

마이크로소프트가 다시금 왕좌에 오르다

주식 투자를 하시나요? 필자 역시 직장생활을 할 때 점심을 먹고 커피를 마시면서 동료들과 함께 재테크 이야기를 많이 했는데 꼭 빠지지 않는 주제가 주식이었습니다. "○○전자에 95층에서 비명을 지르고 있어!" "이번에 ○○ 회사가 ○○○ 테마주래!" 등 다양한 주식 투자 무용담을 흥미롭게 듣곤 했습니다.

우리가 주식시장에 관심을 두는 이유는 물론 재테크도 있지만 조직 관점으로 보면 자본(돈)이란 렌즈로 기업을 어떻게 평가하는지를 알 수 있는 중요한 지표라는 점입니다. 실제로 매출과 영업이익은 높지만 주식시장에서 낮은 몸값을 유지하는 기업도 있고 반대로 실질적으로 버는 돈이 많지 않지만 훨씬 더 큰 가치를 인정받는 기업도 있기 때문입니다. 그래서 주식시장은 우리에게 기업의 가치를 직관적으로 보여주는 전광판과 같다고 할 수 있습니다.

지난 23년간 미국 주식시장에서의 최대 시가총액 회사 변화

    얼마 전 블룸버그의 뉴스 진행자인 존 엘리히먼Jon Erlichman은 소셜 네트워크에 역사적으로 미국 주식시장에서 가장 높은 시가 총액을 기록한 회사가 어딘지를 정리해서 올렸는데 조회수가 33만 건이 넘고 10만 건 넘게 공유될 정도로 인기를 끌었습니다(그림 「지난 23년간 미국 주식시장에서의 최대 시가총액 회사 변화」). 대부분 회사가 우리에게 익숙한 곳이지만 시가총액에서 누가 '왕의 자리'를 오랫동안 유지해 왔는지와 그 변화를 알 수 있다는 점에서 흥미로웠습니다.

2000년에서 2004년까지는 마이크로소프트와 GE가 엎치락뒤치락했는데 그 당시 마이크로소프트는 인터넷 시장이 본격화되고 소프트웨어 시장이 급속도로 커짐에 따라서 기록적인 시가총액을 기록했습니다. GE는 항공, 헬스케어, 에너지뿐만 아니라 금융 산업에서 연속적인 성공을 기록하며 높은 기업 가치를 인정받았습니다. 이후 2005년부터 2011년까지는 원유가격이 천정부지로 상승함에 따라 엑손모빌이 갖고 있던 대량생산 및 원유 정제 능력이 빛을 발하며 오랫동안 왕좌를 지켰습니다.

그러나 스티브 잡스의 애플 복귀 이후 아이팟, 아이폰 등을 연달아 성공시키면서 오랜 기간 애플의 집권기가 연속됐죠. 2019년 마이크로소프트는 클라우드 및 모바일 컴퓨팅 산업으로 성공적으로 전환하며 시가총액 1위를 잠시 탈환했지만 다시금 애플에 자리를 내주었고 2024년 초 다시금 마이크로소프트가 왕의 자리를 되찾았습니다.

사티아 나델라의 혁신은 리더의 중요성을 일깨운다

앞서 말한 대로 주식시장에서 가치는 기업의 미래 성장 가능성을 미리 반영한다고 볼 수 있습니다. 미래 성장 가능성이 큰 기업에 개인과 기관이 투자하고 기업이 성장하는 만큼 이익을 기대할 수 있는 구조입니다. 그러므로 시가총액이 높은 기업은 현재도 비즈니스가 좋지만 미래도 기대된다는 개인과 기관의 심리가 반영된 것입니다. 그림 「한국 직장인의 만족도에 영향을 미칠 요인」을 보고 가장 주목할 기업은 단연 마이크로소프트입니다.

2000년대 초기 버블닷컴 영향과 인터넷 활용의 확대로 시가총액이 높았던 것은 빌 게이츠 시대에 잘 준비해 둔 개인용 PC와 MS 오피스 등이 시장 환경과 잘 맞아떨어져 성공을 이룬 것으로 볼 수 있습니다. 그러나 이후 마이크로소프트는 새로운 혁신을 보이지 못하고 기업가치뿐만 아니라 미국 직장인에게 매력 없는 회사로 자리 잡았습니다.

2대 CEO였던 스티브 발머에 이어 3대 CEO로 선출된 사티아 나델라는 마이크로소프트를 획기적으로 변화시킨 장본인입니다. 2014년 최고경영자가 된 사티아는 기존 윈도와 오피스 중심 비즈니스를 클라우드와 모바일 컴퓨팅 산업으로 전환하면서 5년 만에 시가총액 1위 자리를 탈환하기에 이르죠. 동시에 사티아는 클라우드 이후 시대를 머신러닝과 인공지능으로 보고 지속해서 투자했습니다.

마이크로소프트가 시가총액 1위에 오른 2019년 사티아는 미래를 준비하기 위해 오픈AI에 10억 달러(당시 한화 가치 1조 2,000억 원)를 투자합니다. 그 당시만 하더라도 비영리 조직인 오픈AI에 대규모로 투자한 것에 대해 시장의 반응은 냉랭했죠. 이런 반응에도 사티아는 2021년 다시 2조 원 이상을 투자했고 그 결과는 우리가 모두 알듯이 대박이 났습니다. 어찌 보면 2019년 시가총액 1위에 오른 순간 미래에 투자함으로써 2024년 다시금 왕좌에 오를 동력을 만든 것입니다.

이 밖에도 사티아가 마이크로소프트를 어떻게 변화시켰는지는 이 책 전반에서 다루겠지만 스티브 잡스 이후 리더가 이토록 조직의 비즈니스, 문화, 그리고 미래를 바꾼 사례를 찾아보기 어렵다고 할 수 있죠. 『히트 리프레시』는 사티아가 마이크로소프트 CEO가 된 이후의 여정을 그린 책인데요. 리더가 바뀜으로써 조직이 어떻게 변화되는지를 잘 설명하고 있습니다.

이처럼 리더가 조직에 미치는 영향은 광범위하고 조직 구성원은 모두 이를 인지하고 있습니다. 앞서 살펴본 대로 직장인의 만족도에 경영진(리더)이 미치는 영향은 현재도 크지만 미래에는 더욱 중요해질 것입니다.

경영진에 대한 지지가 회사의 성장 전망과 추천에 영향을 준다

필자는 한국 직장인이 경영진(리더)에 만족할 때 회사의 성장 가능성을 어떻게 바라보고 타인에게 추천할지를 살펴보고자 했습니다. 이를 위해 직장인 소셜 네트워크에서 IT 산업군 기업의 데이터 300개를 수집했습니다.

필자의 경험과 소셜 네트워크의 데이터를 보았을 때 다른 산업군에 비해 IT 산업군이 비교적 구성원과 경영진 간 소통 기회가 잦고 교류하는 비율도 높았습니다. 그리고 제조업 및 화학, 식음료 등 전통 산업에 비해 경영진의 의사결정이 직접적으로 제품과 서비스에 영향을 미친다고 생각했습니다. 소셜 네트워크에서 가져온 데이터는 경영진 지지율, 기업 추천율, 성장 가능성 수치였습니다. 소셜 네트워크에 의견을 남길 때 직장인은 재직 당시 경영진을 지지하는지, 기업을 타인에게 추천할 것인지, 미래에 회사가 성장할 것으로 보는지 등을 답변하기도 합니다. 이에 필자는 300개 IT 기업의 소셜 네트워크 데이터를 가지고 경영진 지지율과 기업 추천율, 그리고 성장 가능성 간 관련성을 살펴봤습니다.

경영진을 지지할수록 기업 추천을 더 많이 하고 성장 가능성을 크게 볼 것인가를 답하기 위해 이번 분석에서도 다중회귀 알고리즘을 활용했습니다. 그 결과 통계적으로 유의한 수준에서 경영진을 지지할수록 회사의 성장 가능성을 크게 인식하고 있었고 타인에게 추천을 더 많이 하는 것을 알 수 있었습니다. 앞서 주식시장이 기업의 미래 가치를 반영하고 있다고 했는데요. 한국 직장인 역시 기업이 성장할 것인가, 그리고 추천할 만한가를 경영진을 보면서 답한다고 볼 수 있습니다. 이처럼 경영진이 직장생활에 미치는 측면은 만족도 관점에서도 크고 더 나아가 비즈니스에서 성장할 것인지를 미리 바라볼 수 있는 지표로도 기능할 수 있습니다. 그러므로 경영진(리더)은 향후 직장 선택과 유지에 있어서 매우 중요한 요소라고 할 수 있겠습니다.

리더는 목표에 대한 이해를 바탕으로 지시를 명확히 해야 한다

그렇다면 "우리 조직에서 효과적인 경영진(리더)은 어떤 모습일까?"에 대해서 두 가지 데이터 분석 사례를 소개하고자 합니다. 우선 필자가 데이터 컨설팅을 한 회사에서 구성원에게 주관식 설문으로 '경영진이 강화하거나 개선했으면 하는 행동'을 물은 후 답변을 텍스트 마이닝에 기반하여 분석했습니다. 분석 결과는 부서와 직책마다 조금 다르지만 공통적으로 '명확한 목표 설정과 업무 지시' '빠른 의사결정' '성장 및 실행 지원'이 강화했으면 하는 점이고 '지나친 보고 및 회의' '불명확한 지시' 등이 개선점으로 나왔습니다. 요약하면 조직 경영진으로서 회사 방향성을 이해하고 명확한 목표를 설정해서 지시하고 관련 일을 실행할 수 있도록 지원하고 빠르게 의사결정을 하길 바란다는 것입니다. 그리고 이런 과정의 방해물이라 할 수 있는 불명확한 보고와 회의는 개선했으면 한다는 것입니다.

해당 분석 결과가 특정 조직의 의견으로 생각될 수 있지만 필자가 리더와 관련하여 분석한 조직들의 공통점으로도 볼 수 있습니다. 가령 A사는 매년 리더십 진단을 통해 회사 경영진의 리더로서 능력과 스타일을 진단합니다. 한 해 A사는 고성과 리더와 일반 리더 사이에 리더십 진단 차원에서 차이가 있는지를 살펴봤습니다. 흥미로운 결과가 나왔습니다. 해당 리더의 상사가 판단했을 때는 고성과 리더와 일반 리더 간 능력 차이가 통계적으로 크게 나지 않았습니다.

그런데 함께 일하는 동료가 판단했을 때는 조직 내 목표를 명료화해서 이를 달성하기 위해 의사결정을 명확하게 하고 자원을 최적으로 활용하는 역량에서 고성과 리더가 눈에 띄게 높은 점수를 보였습니다. 즉 함께 일하는 동료들에게 이상적인 리더는 목표 설정과 의사결정을 명확히 하는 능력, 일이 되게끔 하는 자원 관리 능력을 갖추었다고 할 수 있습니다. 또한 고성과 리더는 동료에게 직업적 비전과 의미를 찾아주고 역량을 키워주기 위해 지속해서 기회를 주는 리더십 스타일을 갖고 있었습니다. 그리고 고성과 리더는 일반 리더에 비해 동료와의 정서적인 애착 역시 눈에 띄게 높은 수준을 보였습니다.

지금까지 우리는 기업을 바꾸고 새롭게 가치를 창출한 마이크로소프트 사티아 나델라의 사례를 보았고 이후 한국 IT 기업의 데이터를 활용해서 경영진에 만족할수록 구성원이 기업 성장 가능성을 높게 보고 추천을 더 많이 한다는 점을 확인했습니다. 그리고 한국 직장인이 생각하는 이상적인 리더는 목표에 대한 명료한 이해를 바탕으로 관련 지시를 명확히 하고 구성원에게 성장이 될 기회를 지속적으로 제공하며 감정적 유대가 있어야 함도 데이터와 분석으로 확인했습니다.

이처럼 경영진이 직장생활에 미치는 영향은 큽니다. 그러나 더욱 중요한 것은 이미 우리도 누군가의 리더이고 가까운 시일 내에 리더가 된다는 점입니다. "함께 일하는 동료에게 어떤 리더로 인식될 것인가?" "어떻게 효과적인 리더가 될 것인가?"가 우리가 본질적으로 고민하고 답해야 할 주제임을 잊지 말아야 하겠습니다.

3.

승진이 동기부여와 만족의 원천은 아니다

지속성장하는 기업에는 승진 기회가 많다

13년 넘게 직장생활을 하면서 가장 신경이 곤두서 있는(?) 시기가 연말과 연초였던 것 같습니다. 연말에는 임원 인사가 있었기 때문에 조직 리더들의 눈치를 볼 수밖에 없는 상황이었죠. 임원 인사발표 전에는 평소 잘 넘어가던 보고도 어렵기만 했고 매일 회식으로 그들의 불안한 마음을 달래주곤 했죠. 그리고 연초가 되면 승진 소식에 함께 기뻐해주고 누락된 이를 위해 소주잔을 기울이며 저녁 시간을 함께 보냈습니다. 그래서 1년 중 연말과 연초는 많은 한국 직장인에게 애환의 시기라고 할 수 있죠. 그만큼 직장생활에서 승진은 중요한 주제입니다.

조직은 목표 달성을 위해서 모인 집단이고 이를 효과적으로 수행하기 위해 특정 구조하에 운영됩니다. 최고경영자부터 일선 구성원까지 효율적인 의사결정과 명확한 책임 분배를 가능하게 하는 구조가 바로 피라미드식 수직적 구조라고 할 수 있습니다. 이러한 계층적 구조는 전통 관료제 조직 이론에서 기인하며 명료한 의사결정, 효율적인 통제와 감독, 전문화와 분업화, 그리고 표준화된 운영 절차에 유리합니다. 즉 각 계층에 있는 사람들은 자신의 책임과 권한을 명확히 알고 상위 관리자는 구성원의 활동을 효율적으로 관리하고 통제합니다. 따라서 각 층위에서는 특정 기능과 역할에 초점을 맞춰 전문성을 발휘할 수 있으며 일관된 정책과 절차를 적용하는 데 편리합니다. 수직적 구조는 한국은 물론 오랫동안 미국과 유럽의 조직을 뒷받침해 온 뼈대와 같습니다.

이런 구조에서 구성원에게 주요한 동기부여책이 바로 승진입니다. 사원에서 대리, 대리에서 과장, 과장에서 차장, 부장, 그리고 임원 등 수직적 구조에서는 아래에서 위로 올라가는 사다리 형식으로 승진 구조를 만들어 구성원을 관리해 왔습니다. 또 목표를 효과적이고 효율적으로 달성하기 위해 구성원에게 승진을 당근과 채찍으로 사용해 왔습니다. 한국의 여러 조직에서 직급 구조를 임원-팀장-팀원으로 간소화했지만 여전히 많은 기업에서는 비공식적으로 선임-매니저란 자리를 만들어서 운영해 오고 있습니다. 국내 한 기업에서는 직급 구조 간소화를 원상 복귀하면서 오히려 직급 단계를 더욱 나눴죠. 실질적인 보상을 계속해서 올려주기 어려운 여건이기 때문에 직급을 더욱 잘게 나눔으로써 자주 승진시키고 거기서 오는 심리적 보상을 노린 것입니다. 이처럼 조직에서 승진이 끼치는 힘은 참으로 크다고 볼 수 있습니다.

그리고 한 조직에서 승진 기회가 많다는 것은 조직이 지속해서 외형 성장을 하고 있음을 뜻하기도 합니다. 한국은 노동시장 유연성 측면에서 세계경제포럼WEF이 발표한 자료에서 2022년 경제협력개발기구OECD 37개국 중 35위를 차지했고 한국에 투자한 외국 기업 중 약 37%가 한국 노동시장이 지나치게 경직되어 있다고 평가했습니다.[11] 다시 말해 한국에서는 해고가 까다롭고 노동 비용이 많이 든다는 것이죠. 그래서 한국에서 채용과 선발은 "결혼 상대를 고르는 것과 같다."라는 표현이 있습니다. 결혼한 커플이 헤어지기 위해서는 많은 시간과 에너지가 들고 법률적 절차를 거쳐야 하듯이 한국 조직의 채용 역시 그렇다는 것입니다. 그러므로 한국에서 승진 기회와 가능성이 높다는 것은 조직이 외형적으로 성장해서 새로운 자리를 만듦을 의미합니다. 승진 기회가 많은 조직은 지속해서 성장하는 튼실한 기업이라 볼 수 있죠.

수직적으로 올라가는 승진보다 수평적인 배움이 더 중요해진다

승진을 바라보는 직장인의 생각이 바뀌고 있는 것 같습니다. 승진은 조직에서의 성공을 정의하는 중요한 지표였으나 현대 직장인에게는 성공보다는 다른 가치가 중요해지고 있기 때문입니다. 『넥스트 밸류』에서는 이를 '성공보다는 성장'이란 가치로 한국 사회의 변화를 이야기합니다. 또한 필자에게 고민을 털어놓는 경영자나 인사부서의 주제 중 가장 빈번한 것이 바로 조직 내 팽배한 승진 거부 현상(예: 팀장 보임을 거부하는 현상)입니다.

이런 현상의 원인은 여러 가지가 있겠지만 가장 근본적인 변화는 바로 개인과 조직 간 관계가 바뀌었기 때문입니다. 공기관과 공

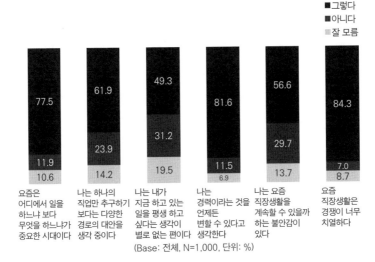

직업관과 직장생활에 대한 인식 평가

■그렇다
■아니다
■잘 모름

77.5	61.9	49.3	81.6	56.6	84.3
11.9	23.9	31.2	11.5	29.7	7.0
10.6	14.2	19.5	6.9	13.7	8.7

요즘은 어디에서 일을 하느냐 보다 무엇을 하느냐가 중요한 시대이다

나는 하나의 직업만 추구하기 보다는 다양한 경로의 대안을 생각 중이다

나는 내가 지금 하고 있는 일을 평생 하고 싶다는 생각이 별로 없는 편이다
(Base: 전체, N=1,000, 단위: %)

나는 경력이라는 것을 언제든 변할 수 있다고 생각한다

나는 요즘 직장생활을 계속할 수 있을까 하는 불안감이 있다

요즘 직장생활은 경쟁이 너무 치열하다

무원을 제외하고 한국 사회에서 이제 '평생직장'이란 표현은 공감하기 어려운 단어가 됐죠. 트렌드모니터가 2019년 한국 직장인 1,000명에게 물어본 결과 요즘 시대에 평생직장 개념이 존재할 수 없다는 의견이 62%에 달했습니다.[12] 또한 "요즘은 어디에서 일을 하느냐보다 무엇을 하느냐가 중요한 시대인가?"라는 질문에 78%가 "그렇다."라고 응답했습니다.

회사와 관계 맺는 기간이 평생이 아니라 단기간으로 인식되고 직장보다는 직업과 다른 가치가 우선시되면서 조직에서 수직적으로 올라가는 보상인 승진이 더 이상 현대 직장인에게 중요하게 다가오지 않는 것입니다. 이런 인식이 행동으로 발현된 것이 바로 '조용한 사직quiet quitting'으로 대변되는 현상입니다. 한 조사에 따르면 한국 MZ 직장인 10명 중 8명가량이 조용한 사직에 긍정적이고 적극 실천 중이라 답했다고 합니다.[13] 또한 미국 기업을 중심으로 '대이별The Great Breakup' 현상도 두드러지고 있습니다. 이는 직장 내 여성들이 남성들에 비해 많은 것을 요구받고 있고 이에 따라 승진을 원하지 않고 대규모로 떠날 수 있는 상황을 의미합니다.[14] 이런 상황에서 승진이 동기부여와 만족감 원천으로서 기능하기는 쉽지 않을 것입니다.

우리가 지금까지 살펴본 데이터와 분석 결과에서도 승진 기회 가능성은 한국 직장인의 만족도에 미치는 영향 측면에서 다른 요인에 비해 높지 않음을 알 수 있습니다. 그렇다면 무엇을 해야 할까요? 우선 커리어 관리부터 초점을 바꿔야 합니다. 즉 직장인에게 중요한 커리어 관리가 과거에는 수직적 승진이 초점이었으나 최근에는 '변화무쌍한'이란 뜻의 프로티언protean과 커리어career가 합쳐져 필요와 욕구에 따라 경력을 쌓는 것이 더욱 중요시되고 있습니다.

프로티언 커리어에서는 커리어 목표가 심리적 성공이어서 수평적 이동을 중시합니다. 또한 수직적 커리어 관리에서는 '아는 것know-how'이 전문성이었다면 프로티언 커리어에서는 '배우는 것learn-how'이 중요합니다. 과거 조직 내 차장과 부장이 능력을 인정받았던 원천이 조직과 직무의 역사를 알고 어떻게 대처하는지에 대한 노하우였다면 이제는 환경에 따라 새롭게 학습할 수 있는 능력이 더욱 중요하기 때문입니다. 그러므로 조직과 개인 모두 프로티언 관점에서 커리어를 바라보고 관리할 필요가 있습니다.

또한 최근 국내 직장에서 공통으로 벌어지고 있는 팀장 같은 보직을 거부하는 현상은 승진에 대한 인식 변화를 반영합니다. 기업 뿐만 아니라 중고등학교를 포함한 공공기관에서도 최근 보직을 맡기 싫어하는 공통된 어려움을 겪고 있습니다. 최근 필자가 데이터 컨설팅을 한 회사도 "조직 내 보직자로 성장하는 것이 경력 개발의 중요 목표다."라는 문항에 대해서 MZ세대는 평균 2.2점을, X세대와 베이비붐 세대는 3점가량을 기록했습니다. 반면 "급여가 줄더라도 성장할 수 있는 회사로 이직하겠다."라는 문항에는 MZ세대뿐만 아니라 기성세대까지 3.0점 이상을 기록했습니다.

이후 진행된 인터뷰에서 관리자 역할이 줄어들고 있는 조직 상황과 이직은 '능력 있고' 근속은 '도태되는'이란 인식이 강했기 때문에 보직자보다는 전문가가 되고 성장하려는 풍토를 보이고 있었습니다. 이런 경향은 맥락과 관계없이 기성세대와 MZ세대 모두에게서 나타나는 상황이기 때문에 앞으로 승진 기회 가능성의 매력은 조직에서 갈수록 떨어질 것입니다.

4.

근로시간 감소는 필연적으로
이루어질 수밖에 없다

일과 삶의 균형을 지속 추구하게 된다

전작 『데이터와 사례로 보는 미래의 직장』에서 필자는 주4일제가 머지않아 한국에도 법제화되고 여러 조직에 도입될 것이라고 예측했습니다. 이후 생성형 인공지능이 본격적으로 조직에 도입되고 생산가능인구 감소 문제가 본격화되면서 한국의 여러 조직에서도 주4일제를 실험하고 있습니다. 삼성전자, SK하이닉스, SK텔레콤 등 대기업에서는 부분적으로 주4일제를 도입했고 우아한형제들, 토스 등 IT 기업에서도 근로시간을 축소하여 주4일제처럼 조직을 운영하고 있습니다. 교육 전문 기업인 휴넷은 2022년부터 주4일제를 도입했고 그 결과 직원의 행복지수와 업무 효율성이 상승한 것을 내부 연구에서 밝힌 바 있습니다.[15]

국내 한 설문에 따르면 국내 직장인 500명 중 62%가량이 주4일제에 찬성했습니다.[16] 그러나 주4일제를 바라보는 기업과 경영진의 시각은 그리 밝지만은 않습니다. 한국 직장 근로자의 노동생산성이 경제협력개발기구OECD 38개국 중 27위를 차지했고 근로시간은 경제협력개발기구OECD 국가 중 멕시코와 코스타리카에 이어 3번째로 길었죠(1,687시간).[17] 다시 말해 한국 기업 근로자의 근로시간이 여전히 길고 노동생산성은 낮은 상태에서 주4일제를 시행한다면 기업의 성과 창출에 문제가 생길 것이라고 경영진은 우려를 드러내고 있습니다. 그러나 긴 근로시간을 영향과 성과평가 측면에서 잘 분석해 보면 일을 끝내고도 상사 눈치를 보고 퇴근하지 못하는 문화 등 결과보다는 과정을 중요시하는 풍토이기 때문에 이는 충분히 개선할 수 있는 영역이기도 합니다.

생산가능인구가 지속해서 감소하고 인공지능과 로봇 도입이 더욱 가속화되면 필연적으로 근로시간은 줄어들 것입니다. 더불어 직장인의 가치 변화 측면에도 부합합니다. 코로나19 이후 한국 조직에 회식 빈도수가 크게 줄어들었고 귀가시간이 빨라지고 콘텐츠 소비와 자기계발 수요가 크게 증가했습니다.[18] 또한 최근 10년간 한국 직장인의 만족도를 분석한 앞선 데이터를 보더라도 다른 요소와 다르게 일과 삶의 균형은 지속해서 상승했음을 알 수 있습니다. 결국 일과 삶의 균형은 증가하는 생산성의 결과로도 볼 수 있지만 생산가능인구 감소에 대비하는 방법이자 조직 구성원의 만족과 새로운 채용을 위한 수단으로 볼 수도 있습니다.

영국 헨리경영대학원의 세계의 일 연구소World of Work Institute 조사에 따르면 영국 직장인 3,000명 중 약 30% 이상이 새로운 직업을 찾고 있으며 72% 이상이 본인의 흥미와 취미를 충분하게 즐길

수 있는 일과 삶의 균형이 가장 중요하다고 답했습니다.[19] 결국 일
과 삶의 균형은 앞으로 조직에서 지속적으로 추구할 수밖에 없는
방향이라고 볼 수 있습니다.

일과 삶의 균형 유지를 위한 생산성 평가지표가 필요하다

그러나 잊지 말아야 할 것은 일과 삶의 균형 역시 다른 각도에서
보면 생각지 못한 결과를 가져온다는 점입니다. 마틴 슈뢰더의 저
서 『만족한다는 착각』에는 일과 삶의 균형과 삶의 만족도 간에 흥
미로운 결과가 나옵니다. 결혼한 남성이면서 가장 역할을 수행하
는 직장인에게는 근로시간이 증가할수록 만족도가 비례해서 상승
합니다. 이는 그동안 우리가 믿어온 일과 삶의 균형은 "무조건 좋
다."를 반박하는 결과입니다. 또한 필자는 일과 삶의 균형 만족도
가 점차 높아지고 있는 한국 직장인의 데이터를 보고 하나의 질문

이 생겼습니다. "일과 삶의 균형 만족도가 높은 직장인은 소속 조직의 성장 가능성을 높게 볼까?"입니다.

앞서 살펴보았듯이 아직 한국은 세계에서 세 번째로 긴 근로시간을 기록하고 있고 조직 내 성과평가 역시 결과보다는 과정(근로시간의 길이)에 집중하는 경향이 있습니다. 돌이켜보면 한국은 서구가 300년 동안 이룬 경제성장을 30년 동안에 이뤄내기 위해 시간을 압축적으로 썼습니다. 서구 기업에서 일주일에 40시간을 일하면 한국 기업은 120시간을 일하며 3배 압축해서 근무하면서 격차를 따라잡아 온 것이죠. 그러므로 오랫동안 한국 조직과 직장인에게는 성장하기 위해서는 시간을 압축적으로 활용해야 한다는 믿음이 존재합니다.

이에 필자는 한국 기업 중 비교적 시간보다는 결과를 기반으로 성과평가를 하고 일과 삶의 균형을 적극 추진해 온 IT 기업 구성원의 데이터를 살펴봤습니다. 300개 IT 기업 구성원이 남긴 일과 삶의 균형 만족도와 기업 성장 가능성과 관련한 데이터를 활용해서 다중회귀 분석을 한 결과 통계적으로 유의한 수준에서 일과 삶의 균형에 만족도가 높을수록 회사의 성장 가능성을 낮게 보고 있음을 알 수 있었습니다. 즉 IT 기업에 근무하는 직장인은 일과 삶의 균형에 만족하면서도 기업이 앞으로 성장할 것이라는 데는 부정적인 입장이라는 것이죠. 이는 앞서 이야기한 대로 회사의 성장을 위해서는 일과 삶의 균형보다는 더 많은 시간을 일에 투입하고 삶의 일정 부분을 희생할 필요가 있음을 직장인도 인지한다는 것입니다.

결국 조직과 개인이 모두 지속 가능한 관점에서 일과 삶의 균형을 유지하기 위해서는 몇 가지 구체적인 변화가 필요합니다. 첫째, 성과를 바라보는 관점이 단순히 노력과 시간 투여에서 결과로 전환되어야 합니다. 조직과 리더가 구성원에게 보낼 수 있는 강력한 신호 중 하나는 바로 평가 지표입니다. 우리 조직에서 어떤 지표로 구성원을 평가하고 그에 따라 어떻게 보상할지의 진단과 측정 활동은 구성원에게 보내는 가장 강력한 메시지이기도 합니다. 그러므로 성과평가에서 시간 투여보다는 결과를 중심으로 살펴봐야 합니다. 이는 다음 장에서 살펴볼 코로나19와 챗GPT 시대에 한국 직장인이 인식하고 있는 성장과 기회로서의 일과 직업의 의미 변화와 맥을 같이합니다.

둘째, 일과 삶의 균형을 추구하는 게 단순히 쉼과 취미활동만을 의미하지는 않습니다. 휴넷은 주4일제를 시행하고 생겨난 하루 동안 휴식(22.5%), 자기계발(17.1%) 순으로 시간을 활용했다고 합니다. 또한 원티드랩이 발표한 설문에서는 주4일제를 한다면 취미활동(30.2%), 휴식(20.1%), 자기계발(15.2%) 순으로 하루를 보낼 것이라는 응답 결과가 나왔습니다.[20] 이처럼 일과 삶의 균형 추구는 자기 계발을 위한 시간이 될 수 있고 이는 개인의 생산성 향상에 기여할 수 있습니다. 그러므로 일과 삶의 균형은 조직의 생산성 향상을 기대할 수 있는 또 다른 기회로 인식할 필요가 있습니다.

그런데도 더 긴 근로시간이 필요하다고 생각한다면 파킨슨의 법칙Parkinson's law을 떠올려 보길 바랍니다. 이 법칙에 따르면 조직의 구성원 수는 업무량의 유무나 경중과 관계없이 일정한 비율로 증가합니다. 가령 특정 구성원에게 보고서 작성 기한을 1주일을 준다면 그 일을 끝내는 데 1주일을 쓸 것이고 2주일을 준다면 동일한 업무를 2주일에 걸쳐서 한다는 것입니다. 즉 업무는 그에 할당된 시간만큼 늘어나는 경향이 있다는 것입니다. 그러므로 일과 삶의 균형 추구를 위해 근로시간을 줄인다면 구성원은 자신의 업무에서 비생산적인 업무를 찾아내어 생산성을 높이기 위해서 노력할 것이라고 기대할 수 있습니다.[21]

앞으로 일과 삶의 균형 추구와 근로시간 감소는 필연적 방향입니다. 이에 우리는 줄어든 근로시간 안에서 어떻게 하면 생산성을 유지할 수 있을지를 함께 고민해야 합니다. 또한 일과 삶의 균형은 자기 성장의 중요한 기회가 되기도 합니다. 이는 성장을 추구하는 현대 직장인의 만족을 위해서도 중요한 요인으로 작용할 것입니다.

5.

조직문화는 성장과 배움을
독려하는 쪽으로 변하고 있다

성장 마인드셋 렌즈로 구성원을 바라보고 대한다

필자는 데이터로 사람과 일을 들여다보며 누구를 선발하고 어떻게 육성해야 하는지 여러 조직과 함께 고민하고 있습니다. 데이터와 분석 결과 '일 잘할 것 같은 후보자'를 예측할 수 있는 알고리즘을 선발 과정에 도입한다거나 "어떤 일자리가 살아남을 것인가?" 등에 근거해서 미래에 필요한 인력을 계획하기도 합니다. 이 같은 고민의 결과는 주로 인사제도에 반영됩니다. 그러나 필자는 조직 내 사람과 일에 영향을 미치는 가장 중요한 요소는 '조직문화'와 '리더십'이라고 생각합니다.

경영진 이야기에서 살펴본 마이크로소프트와 사티아 나델라 사례는 궁극적으로 조직문화와 리더십이 조화를 이룬 결과이기도 하죠. 사티아는 본인을 마이크로소프트의 CEO로 소개하면서도 CEO의 C는 문화culture를 뜻한다고 밝힌 바 있습니다.[22] 마이크로

마이크로소프트의 문화 전환

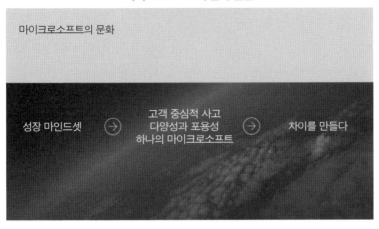

소프트의 여러 구성원이 조직문화를 이야기할 때 자주 활용하는 슬라이드가 바로 그림 「마이크로소프트의 문화 전환」입니다. 마이크로소프트의 문화는 성장 마인드셋Growth Mindset을 중심으로 구성원을 바라보고 고객 중심적 사고와 행동을 지향하고 다양성을 포용하는 하나의 마이크로소프트를 지향합니다. 이를 통해 차이를 만드는 것이 바로 그들이 추구하고자 했던 문화이고 지금은 정말 큰 차이를 만들고 있습니다. 그래서 마이크로소프트 사례를 두고 '문화 전환을 통한 비즈니스 전환culture transformation to business transformation'이라 부르기도 합니다. 조직문화를 바꿈으로써 비즈니스까지 바꾼 사례입니다.

마이크로소프트 사례를 조금 더 알아보죠. 사티아 나델라는 CEO로 취임이 결정되자 어떻게 하면 다시 세상을 바꾸는 기업으로 탈바꿈할 수 있을지 고민합니다. 그러던 중 캐롤 드웩Carol

Dweck 교수가 이야기한 성장 마인드셋을 알게 되고 그 개념을 깊게 파고들었습니다. 성장 마인드셋은 "사람은 변화할 수 있다."라고 믿는 것입니다. 가령 사람은 크게 변하기 어렵다고 보는 조직이라면 구성원이 새로운 시도를 하고 실패할 경우 그 구성원은 실패자로 낙인찍힐 것입니다. 반면 성장 마인드셋이란 렌즈를 끼고 실패를 바라보면 이는 성공으로 나아가기 위한 배움이자 시행착오로 볼 수 있습니다.

개인 입장에서는 일을 하면서 직면한 어려움을 성장과 발전의 기회로 인식하고 끊임없이 자신을 개선하고 노력하는 태도를 가지는 것이 바로 성장 마인드셋입니다. 과거 마이크로소프트는 구성원 채용에서도 학력을 매우 중요하게 여겼는데 사람은 크게 변하지 않으므로 애초에 지능이 우수한 사람을 뽑으려 했던 것입니다. 또한 새로운 시도를 해도 실패로 여겨지기 때문에 구성원은 기존 제품을 개선하는 정도로만 혁신을 추구했고 타 부서와 협업하지 않았습니다. 그 결과 빠르게 변하는 환경에 적응하지 못하고 기존에서 기능만 개선된 제품과 서비스를 내놓으며 하락의 길에 접어든 것입니다.

마이크로소프트에서 20년 넘게 근무했던 사티아는 조직의 이런 믿음 체계가 문제라고 생각했고 변화의 시작점을 성장 마인드셋으로 구성원을 바라보고 대하는 것에 두었습니다. 2014년 CEO로 취임하면서 했던 첫 연설에서 "저는 성장 마인드셋 중심의 마이크로소프트를 만들고자 합니다."라고 강조하며 조직의 변화 방향성을 제시했습니다. 그리고 새로운 시도를 하는 팀과 개인을 격려했고 실패하더라도 이를 통해 배우고 성장할 기회로 삼도록 도왔습니다. 또한 부서 간 장벽을 허물고 개방적이고 협업적인 조직을 만들기 위해 '연결connect'이란 가치를 중시하며 리더와 개인 평가 항목에 반영했습니다. 협업의 대상을 단순히 부서 간으로 좁히지 않고 외부 파트너십으로 적극 확장했고 그 여정 속에 오픈AI와도 함께하게 된 것입니다. 이처럼 성장 마인드셋 렌즈로 구성원을 바라보고 대함으로써 비즈니스를 바꾸는 여정까지 이토록 잘 설명할수 있는 사례는 많지 않습니다.

좋은 조직문화는 일하는 방식이고 성장과 목표 달성에 기여한다

앞서 10년간 데이터에서 구성원의 만족과 불만족 요소를 주관식 설문 결과로도 분석했고 여러 정량적 결과로도 살펴봤습니다. 2014년에서 2023년으로 넘어오면서 한국 직장인에게 가장 중요한 가치로 떠오른 것이 바로 '성장'인 것은 분명합니다. 만족 요소로서 성장과 교육이 두드러지게 나왔고 성장에 기여하지 못하는 문화는 단점으로 도출되기도 했습니다. 결국 조직이 추구해야 할 문화의 방향성 중 하나가 성장이란 점은 자명합니다. 그러나 잊지 말아야 할 것은 조직문화는 조직 구성원이 일하는 방식을 의미하고 결국 조직의 생존과 목표 달성에 기여해야 한다는 것입니다.

김성준 교수는 저서 『조직문화 통찰』에서 선진 문화란 조직의 목표 달성에 기여하면서 인간다운 삶도 좋아야 한다고 주장합니다 (그림 「조직문화를 바라보는 관점」). 실리콘밸리에 있는 구글과 같은 회사에서 근로시간에 탁구를 하고 요가를 하고 강아지를 데려오는

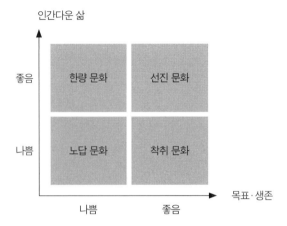

조직문화를 바라보는 관점

인간다운 삶

좋음 | 한량 문화 | 선진 문화

나쁨 | 노답 문화 | 착취 문화

나쁨 　좋음　 목표·생존

것을 보며 인간다운 삶이 보장된 모습을 부러워합니다. 그러나 구글 구성원이 남긴 텍스트 데이터를 보면 최고의 급여와 복지만큼 최고의 성과를 내야 한다는 부담감을 크게 토로합니다. 이는 구글의 조직문화가 조직의 생존과 목표 달성을 위해 구성원이 일하도록 강력하게 밀어붙이기 때문입니다.

종합하면 앞으로 한국 직장인이 바라고 조직에도 기여할 수 있는 조직문화란 개인이 성장함으로써 조직의 생존과 목표에도 기여할 수 있는 특성을 가져야 합니다. 매년 글래스도어는 「가장 일하고 싶은 직장Best Places to Work」을 연초에 발표합니다. 그 명단을 보면 우리가 쉽게 예상할 수 있는 실리콘밸리 기업들보다는 다른 회사들이 상위에 오르는 것을 알 수 있습니다. 2024년에 1위는 베인앤드컴퍼니Bain&Company, 2위는 엔비디아NVIDIA, 3위는 서비스나우ServiceNow, 4위는 매스워크MathWorks가 뽑혔죠.[23]

매년 상위 회사 이름은 바뀌지만 그들이 상위를 차지한 이유는 비슷합니다. 바로 해당 조직에서 동료와 상사 그리고 일을 통해서 배울 기회가 많다는 것입니다. 즉 미국 직장인이 뽑은 가장 일하고 싶은 기업은 단순히 복지와 급여만 좋은 것이 아니라(인간다운 삶), 개인과 조직이 함께 성장할 수 있는 곳이란 점입니다. 이는 변화하는 일과 직업, 상사의 의미와도 맥을 같이합니다. 결국 일과 직업 역시 단순히 돈을 버는 수단에서 성장 기회 인식되고 있고 상사 역시 협업할 존재로 인식되고 있으므로 조직문화의 변화 방향성 역시 자명합니다.

클레어몬트대학원의 심리학과 교수인 데이비드 무어David Moore 는 저서 『경험은 어떻게 유전에 새겨지는가』에서 행동 후성유전학을 소개합니다. 그에 따르면 후성유전학은 '다양한 맥락 또는 상황에 따라 유전 물질이 활성화되거나 비활성화되는 방식'을 의미합니다.[24] 과거 우리는 유전을 복권이라고 부르며 어떤 복권을 갖고 태어났는지에 따라서 외모와 지능 등이 결정된다고 믿었습니다.

그러나 최근 생물학계에서 더욱 설득력 있는 유전학 설명으로 받아들여지고 있는 후성유전학은 인간에게 주어진 유전자의 종류 자체는 큰 차이가 없고 오히려 유전자를 어떻게 활성화하는지가 중요하다고 강조합니다. 결국 후천적으로 무엇을 선택하고 어떻게 살아가는지에 따라 우리 유전자가 활성화되고 그 모습을 발현한다는 것입니다. 이는 앞서 이야기한 성장 마인드셋 관점과 유사합니다. 결정론적 유전자는 성장 마인드셋의 반대말인 고정 마인드셋 fixed mindset 의미와 비슷합니다.

정리하면 우리가 낄 수 있는 두 가지 렌즈는 '성장 마인드셋(후성유전학)'과 '고정 마인드셋(결정론적 유전학)'이 있습니다. 어떤 렌즈를 끼고 직장생활을 하는지에 따라 직장생활의 방향은 달라질 것입니다. 개개인의 만족도뿐만 아니라 조직의 성장을 함께 도모할 수 있는 성장 중심 조직문화를 강조하며 이번 장을 마무리합니다.

3장

코로나19와
생성형 인공지능에
왜 주목해야 하는가

코로나19를 계기로 일과 직장의 의미가 크게 변화했다

조직문화와 일과 삶의 균형에 대한 만족도 영향이 커졌다

지금까지 우리는 10년간 데이터를 분석해서 한국 직장인의 만족도와 그에 영향을 미칠 수 있는 급여, 조직문화, 리더, 일과 삶의 균형, 승진 관련 데이터의 추이와 원인을 살펴봤습니다. 우리는 토머스 쿤이 이야기한 공약 불가능한 변화를 지난 10년간 코로나19와 챗GPT의 등장으로 경험했습니다. 그렇다면 정말 이 두 가지 사건이 패러다임 전환기로서 의미가 있었는지와 변화한 환경에서 우리가 어떻게 직장생활을 해나가면 좋을지 이야기해 보고자 합니다.

앞서 살펴본 데이터를 코로나19 전과 후를 분리해서 만족도를 포함한 대부분 요소를 표 「코로나19 전후 직장생활에 대한 만족도 요소 비교」와 같이 비교해 봤습니다. 단순 평균으로 보았을 때 코로나19 전에 비해 후는 전체 만족도와 일과 삶의 균형이 높았고 승진 기회는 전이 더 높았음을 알 수 있습니다. 그리고 복지 및 급

코로나19 전후 직장생활에 대한 만족도 요소 비교

요소	코로나19 전	코로나19 후
전체 만족도	3.17	3.26
승진 기회 가능성	2.99	2.95
복지 및 급여	3.24	3.24
일과 삶의 균형	2.96	3.27
조직문화	3.09	3.13
경영진(리더)	2.64	2.66

여를 제외하고는 전과 후 간에 통계적으로 유의할 만큼 차이가 있는 것으로 나타났습니다.

다시 말해서 코로나19 전에 비해 후에 한국 직장인은 전체 만족도, 조직문화, 경영진에 대한 만족도가 증가했고 일과 삶의 균형에서는 확연하게 나아진 차이를 느꼈지만 승진 기회 가능성은 만족도가 낮아졌음을 알 수 있습니다. 코로나19 전과 후의 가장 극명한 차이가 일과 삶의 균형에서 났다는 점을 보았을 때 전체 만족도를 높이는 데 일과 삶의 균형이 가장 큰 영향을 미치지 않았을지 추론해 볼 수 있습니다. 회식 빈도수 감소와 재택근무 증가로 인해 개인 삶에 투자할 수 있는 시간이 크게 증가함에 따라 한국 직장인의 만족도가 올랐음을 알 수 있습니다.

그렇다면 데이터 분석을 통해 이러한 추론이 맞는지 알아보겠습니다. 코로나19 전과 후를 구분해서 전체 만족도에 가장 큰 영향을 미치는 요인이 무엇인지 알아보기 위해 회귀분석 알고리즘을 활용한 결과 복지 및 급여-조직문화-경영진-승진 기회 가능성-일과 삶의 균형 순임을 알 수 있었습니다. 앞서 설명했지만 회귀분석 알

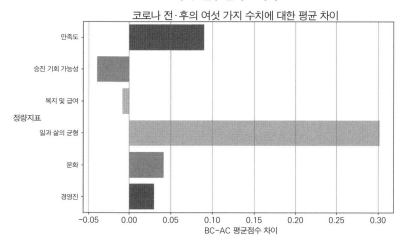

코로나19 전후 만족도 차이

코로나 전·후의 여섯 가지 수치에 대한 평균 차이

BC-AC 평균점수 차이

고리즘은 독립변수(복지 및 급여, 조직문화 등)의 가중치를 고려해서 종속변수(전체 만족도)에 무엇이 가장 큰 영향을 미치는지를 계산합니다. 분석 결과 복지 및 급여-조직문화-경영진 순으로 전체 만족도에 영향을 미침을 알 수 있습니다. 그런데 여기서 눈여겨봐야 할 것은 변수의 영향도입니다. 회귀분석 알고리즘은 영향도를 회귀계수로 표현하는데 코로나19 전과 후에 영향도가 변함을 알 수 있습니다. 전에 비해 후에 복지 및 급여, 조직문화의 영향도는 커진 반면 경영진, 일과 삶의 균형, 승진 기회 가능성의 영향도는 작아진 것을 알 수 있습니다. 상대적으로 후에 복지 및 급여, 조직문화 영향도가 더욱 커졌음을 의미합니다.

또한 회귀분석 알고리즘은 독립변수가 모두 0일 때를 가정한 값을 보여 주는데 이를 상수intercept라 합니다. 가령 갓난아기의 1년 후 몸무게를 예측하고 싶다면 우리가 고려할 수 있는 독립변수는 부모의 몸무게, 아이의 키 등입니다. 그러나 몸무게를 예측할 때 기본적으로 주어진 값(상수)은 태어날 때 몸무게로 한국 평균은 3.2~3.6킬로그램입니다.[1] 이처럼 기본값으로 생각할 수 있는 수치를 회귀분석 알고리즘을 활용해서 알 수 있습니다. 코로나19 전에 비해 후에 이 상수가 0.26에서 0.31로 증가했습니다. 즉 기본적으로 코로나19 전에 비해 후의 만족도가 높음을 의미하며 결국 한국 직장인의 기본 만족도가 높아졌음을 알 수 있습니다.

종합하면 코로나19 전과 후를 비교하면 한국 직장인의 전체 만족도는 증가했습니다. 특히 일과 삶의 균형에서 만족도가 크게 상승했고 조직문화와 경영진 관련 수치도 증가했습니다. 그러나 승진 기회 가능성의 만족도는 하락했고 복지 및 급여는 차이가 없음을 알 수 있었습니다. 이를 해석하면 코로나19 후 한국을 포함한 전 세계 조직에서는 양적 성장을 기대하기 어려운 상황이므로 승진을 기대하기 어렵다는 것입니다. 이에 따라 승진에 대한 만족도는 지속해서 하락하고 있고 앞서 살펴본 대로 승진이 조직에서 동기부여책으로 갖는 의미도 제한적일 것입니다.

또한 복지 및 급여의 차이는 크지 않은데 아마도 이는 코로나19 전과 후로 구분하더라도 복지 및 급여 만족도 변화는 크지 않을 것입니다. 사실 후로 갈수록 물가 상승으로 실질임금이 하락했고 이에 따라 복지 및 급여 만족도가 감소했습니다. 하지만 아직 한국 직장인이 체감적으로 이를 표출하지 않음을 알 수 있습니다. 그러나 전체적인 점수가 이미 코로나19 후에 더 낮은 것으로 보았을 때 이런 추세는 강화되어 결국 복지 및 급여 만족도가 더 감소할 것으로 예상됩니다.

직업, 직장, 연봉, 상사, 행복 등을 바라보는 정의와 렌즈가 바뀌었다

반면 일과 삶의 균형 만족도는 높아지고 있습니다. 이는 전 세계적으로 코로나19 이후에 가장 두드러진 변화이기도 합니다. 코로나19 동안 우리는 주변 동료와 가족이 아프거나 세상을 떠나는 일을 경험했습니다. 그로 인해 '삶의 유한성'을 자각하게 됐습니다. 우리 모두에게 변하지 않는 조건은 언젠가 죽는다는 것입니다.

그럼에도 우리는 이런 삶의 유한성을 잊고 하루하루 살아갑니다. 비교문화 연구자인 호프스테더Hofstede는 국가 간 문화를 여섯 가지로 구분해서 설명합니다. 권력 거리, 개인주의-집단주의, 불확실성 회피 지수, 남성성-여성성, 장기 지향성-단기 지향성, 기쁨 추구-자제인데, 한국이 다른 국가에 비해서 월등히 높은 수치가 바로 장기지향성입니다. 호프스테더가 관리하는 국가별 비교 지표The Culture Factor에 따르면 장기 지향성은 한국이 100점 만점 중 86점으로 미국의 50점, 중국의 77점에 비해 유독 높은 점수입니다.[2] 이처럼 한국인은 현재보다는 미래에 초점을 두고 살아갑니다. 그러므로 한국 직장인에게 '삶의 유한성'은 생소한 개념으로 볼 수 있습니다.

그러나 코로나19로 인해 "죽음이 멀리 있지 않구나."라고 인식하고 삶과 일의 우선순위를 재평가하게 됐습니다.[3] 무엇보다 가족, 건강, 친구와의 관계에 우선순위를 두게 되고 삶의 의미와 목적을 깊이 성찰하기 시작했습니다. 이런 변화가 바로 일과 삶의 균형을 더욱 추구하는 동력이 됐다고 볼 수 있습니다. 또한 조직문화와 경영진 만족도가 증가했는데 앞서 살펴본 대로 코로나19 이후에 우리는 구성원을 위해 과거의 수직적이고 보수적인 문화를 개선하고자 노력해왔고 성장하고 지속가능한 문화를 만들고자 노력하고 있습니다. 경영진 역시 구성원에게 단순히 일을 지시하는 게 아니라 적극적으로 소통하고 설득하려는 모습을 보이기도 합니다. 이처럼 조직문화와 경영진의 변화가 만족도 상승을 이끈 큰 동력으로 추정됩니다.

지금까지는 숫자 데이터와 분석으로 코로나19 전과 후의 차이를 알아봤습니다. 그런데 필자는 보다 구체적으로 한국 직장인의 생각 변화가 궁금했습니다. 전과 후에 직업, 동료, 상사, 연봉, 행복, 직장, 이직, 기술, 변화, 문화에 관한 생각이 바뀌지 않았을까요? 마이크로소프트의 변화 사례를 이야기하면서 소개했던 성장 마인드셋은 사람이 어떤 렌즈로 세상을 바라보는지의 중요성을 설명합니다. 즉 코로나19 전과 후에 직장인이 직업, 상사, 공간, 연봉, 행복, 직장, 이직, 기술, 변화, 문화를 바라보는 정의와 렌즈가 바뀌었다면 이는 매우 중요한 변화입니다. 어떤 렌즈를 끼고 세상을 바라보는지에 따라 우리가 인식하는 색깔이 달라지기 때문입니다.

이를 알아보기 위해 소셜 네트워크에서 추출한 기업의 장점과 단점, 경영진에 바라는 점 등의 텍스트 데이터를 하나로 모았고 BC와 AC로 기간을 구분해서 데이터를 전처리했습니다. 그리고 직업, 동료, 상사, 연봉 등 개념의 변화를 알아보기 위해서 코로나19

전과 후에 직장인이 이야기했던 담론을 텍스트 마이닝 기법 중 의존성 파싱 함수를 활용해서 분석하고 가장 상관관계가 높은 단어와 해당 문장을 살펴보면서 변화를 해석하고자 했습니다. 그러면 어떤 변화가 있었는지 하나씩 살펴보죠.

2.

생성형 인공지능으로 인한
세 번째 변화가 도래할 것이다

근대화 과정을 거치며 신분이 아닌 소속과 직업이 중요해졌다

"당신은 누구입니까?"

여러분은 이 질문에 뭐라고 답하시겠습니까? "○○○입니다."라고 짧게 대답할 수도 있고 "○○회사에서 인사 업무를 맡은 ○○○ 대리입니다."라고 좀 더 자세히 대답하는 등 답변의 형식과 내용은 다양할 수 있습니다. 필자가 시험 삼아 주변 20명에게 이 질문을 했을 때 가장 많이 나온 답이 '소속, 하는 일, 이름'이었습니다. "당신은 누구입니까?"라는 질문에 우리는 내가 속한 조직, 직업, 이름으로 답을 자주 합니다. '나'를 표현하는 중요한 구성요소가 소속과 직업임을 알 수 있습니다.

지금은 너무 당연하게 느껴지지만 역사적으로 이런 답변이 오래되지는 않았습니다. 삼국 시대와 통일 신라, 고려 시대를 거치며 개인은 농업, 어업, 상업 활동 등을 하는 사람으로 정의됐습니다. 이후 조선 시대에는 유교의 영향으로 농업과 상공업이 상대적으로 저평가되는 문반 사회가 형성됐고 과거보다 더욱 명확한 신분제 사회가 기저에 작동했습니다. 조선 시대까지 개인은 신분과 직업으로 표현됐습니다.

근대화 과정에서 한국의 직업 구조가 크게 변화합니다. 산업화가 진행되면서 공장 노동자와 같은 새로운 직업군이 등장했고 농업 중심 경제에서 산업 중심 경제로 이동했습니다. 농업 중심 경제는 가족 단위로 일을 하고 돈을 버는 구조였다면 산업 중심 경제는 주식회사 형태로 사람을 모으고 공동의 목표를 달성하면서 개인이 수익을 내는 구조입니다. 이런 전환 과정에서 개인을 표현하는 단어로 소속 집단이 중요하게 대두됐고 이후에는 정보기술 및 서비스 산업이 비약적으로 발전하면서 직업 다양성이 크게 증가했습니다.

코로나19로 인해 직업에 성장과 가능성의 의미가 추가되었다

이처럼 역사적으로 개인을 표현하는 단어는 신분과 직업에서 소속과 직업으로 바뀌었습니다. 크게 바뀌지 않은 것은 한 사회에서 대부분 개인은 특정하게 하는 일을 갖고 있다는 점입니다. 산업화 이전에 개인은 생존을 위한 필수 활동으로 직업을 가졌지만 이후에는 직업이 돈을 버는 수단뿐만 아니라 개인의 정체성과 지위, 성취를 표현하는 활동으로 의미가 변했습니다. 이런 경향성은 코로나19를 겪으면서 명확하게 드러나기 시작했습니다. 코로나19 전과 후로 기간을 구분해서 텍스트 데이터를 분석한 결과는 흥미롭습니다. 코로나19 전에는 직업을 표현하면서 '안정' '연봉' '업무' '스트

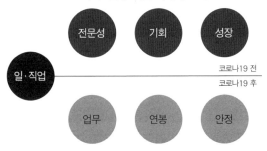

코로나19 전후 직업 의미의 변화

전문성　기회　성장

일·직업 ————————————— 코로나19 전
　　　　　　　　　　　　　　　　코로나19 후

업무　연봉　안정

레스'란 단어가 주로 나온 반면 후에는 '미래' '전문성' '기회' '성장'이란 단어가 주로 나온 것을 알 수 있었습니다. 즉 코로나19 전에는 직업이 돈을 벌고 안정감을 느끼게 하는 원동력인 동시에 힘들고 스트레스를 받게 하는 원천이기도 했다는 것입니다. 이는 단순히 한국만의 특징은 아니죠. 전 세계적으로 여러 산업에서 한순간에 직업을 잃는 공통 경험을 하면서 개인은 나를 표현하는 중요 수단인 직업에 대해 다시 생각하게 됐던 것이죠. 그리고 코로나19 이후로 직업은 전문성을 갖고 미래를 준비하는 기회이자 성장의 수단으로 의미 부여가 됐음을 알 수 있습니다.

정리하면 한국 직장인은 코로나19 전에 본인의 시간을 회사에 주고 그 대가로서 연봉과 안정감을 받았다고 볼 수 있죠. 부속물로 스트레스를 받기는 했지만 말이죠. 그런데 후에는 회사에 시간도 주지만 전문성을 통해 기여하면서 연봉뿐만 아니라 미래를 준비하는 성장과 가능성을 얻고자 한다는 것입니다. 이를 도식화하면 [시간$_{input}$ ↔ 연봉$_{output}$]에서 [시간+능력$_{input}$ ↔ 연봉+성장+가능성+기회$_{output}$]로 바뀌었다는 것입니다. 이렇듯 직업을 바라보는 렌즈가 바뀐 것은 개인뿐만 아니라 조직에서 함의하는 바가 큽니다.

생성형 인공지능 도입으로 직업은 가치 창출의 수단이 된다

또한 필자는 2024년을 기점으로 일과 직업 의미가 또 한 번 변할 것이라고 내다보고 있습니다. 생성형 인공지능이 등장한 해가 2023년이었다면 우리 삶 전반에 본격적으로 영향을 미칠 시기는 바로 2024년이기 때문입니다. 2023년 9월 세계경제포럼,[4] 하버드비즈니스리뷰,[5] 맥킨지컴퍼니[6] 등은 생성형 인공지능과 대규모 언어모델이 미칠 미래 직업에 대해서 예측했습니다. 전체적인 일자리 숫자가 줄 것이란 것은 대부분 동의하는 미래이며 직무별로 3~5년 이내에 영향을 받을 것으로 보고 있습니다.

오픈AI CEO 샘 올트먼은 챗GPT를 지속해서 발전시키는 동시에 월드코인Worldcoin이란 블록체인 프로젝트를 진행하고 있습니다.[7] 그는 인공지능이 발전할수록 인간은 노동할 필요가 없게 되며 그런 시기가 도래했을 때 인간은 기본소득을 받으며 살아갈 것으로 미래를 그리고 있습니다. 이미 월드코인은 주요 암호화폐 거래소에 상장했고 개인이 홍채 인증을 하면 코인을 발급하는 방식으로 개인정보를 수집하고 있는데 한국도 예외가 아닙니다.[8] 2023년 11월 2일 일론 머스크는 '비즈니스 커넥트'란 행사에서 영국의 리시 수낙 총리와 대담하면서 향후 25년 내로 인간은 일할 필요가 없어질 것이라고 단언하기도 했습니다.[9] 그러면서 미래에 인간은 자신이 하는 일과 직업에 스스로 의미를 부여하는 것이 중요하다고 강조했죠.

기술이 발전하면서 인간에게 일과 직업은 더 이상 돈을 벌고 사회적 지위를 표현하는 수단으로서의 의미는 약해질 것이고 개인은 자신이 하는 일에서 사회 일원으로서 정체성을 느낄 수 있을 것입니다. 더불어 일에서 의미를 느끼고 본인이 중시하는 가치를 실현할 수 있는지도 중요하게 생각할 것입니다. 과거에 말은 교통수단이자 정보 전달의 방편이었으나 기술이 발전한 현재 말을 타는 것은 스포츠이자 여가 활동으로 바뀌었죠. 이처럼 현재 우리가 하는 일이 사회에 기여하는 가치는 완연히 바뀌게 될 것이고 개인은 지속해서 새로운 직업을 찾으며 기존 일에 의미와 가치를 부여하는 능력이 중요해질 것입니다.

또한 함께 일하는 동료로 인공지능과 로봇이 들어오면 조직 내 사람의 의미가 확장돼야 합니다. 일 역시 과거에 돈을 벌기 위한 수단에서 이제는 개인의 정체성을 표현하고 성장할 기회로서 의미를 갖는다면 조직에서 이들에게 일을 부여할 때 기준과 고민 지점이 달라진 것입니다. 그리고 기성세대인 리더가 과거와 같은 방식대로 일을 정의하고 새로운 세대는 새로운 의미로 일을 생각한다면 조직 내 갈등 이슈는 지속해서 생겨날 것입니다. 단순히 세대가 달라서 갈등이 생기는 것이 아니고 서로 생각하는 일의 의미와 가치가 달라서 생기는 것인데 이에 대한 이해가 부족하기 때문입니다. 그러면 구체적으로 생성형 인공지능은 일자리를 어떻게 바꿀지 알아보겠습니다.

3.

생성형 인공지능이 만들 직업의
미래는 어떠한가

가장 큰 화두는 인공지능의 일자리 대체다

싱귤래리티Singularity는 인공지능이 인간의 능력을 초월할 것으로 예상하는 가설입니다. 이 개념은 2005년 미국의 발명가 레이 커즈와일Ray Kurzweil이 제안한 것으로 인공지능이 인간의 지능을 넘어서 스스로 진화해 나가는 지점을 '기술적 특이점Technological Singularity'이라고 부릅니다.[10] 커즈와일은 저서 『특이점이 온다The Singularity is Near』에서 기술적 특이점에 도달하면 인간은 더 이상 인공지능을 통제할 수 없게 된다고 주장합니다. 그리고 2045년을 예상 기점으로 언급하고 있습니다. 챗GPT와 같은 생성형 인공지능은 이러한 싱귤래리티에 한 발짝 더 다가가게 만드는 요소 중 하나로 볼 수 있습니다.

생성형 인공지능이 직장에서 점점 더 많이 사용되면서 고용과 일자리에 미치는 영향이 중요해지고 있습니다. 실제로 구글 연관

검색어 기준으로 전 세계 사람들이 'artificial intelligence(인공지능)'와 함께 많이 찾아본 단어 중 하나가 'replace(대체)'라고 합니다. 자신의 직업과 일자리에 인공지능이 어떤 영향을 미칠지에 대해서 궁금하다는 것이겠죠. 최근에 가장 화젯거리인 생성형 인공지능과 챗GPT는 기업에 다양한 이점을 제공할 수 있는 동시에 직장인에게는 일자리, 직무, 일하는 방식의 변화 등 여러 고민을 안겨주고 있습니다.

챗봇과 생성형 인공지능을 사용하는 주요 장점은 비용 절감, 효율성 향상, 구성원 요청에 대한 빠른 응답이 가능하다는 것입니다. 이런 효율성 향상으로 인해 우리는 더 많은 자원을 기획 및 창의적 업무에 투입하여 생산성을 높일 수 있을 것입니다. 그러나 이러한 기술 사용에는 잠재적인 단점도 존재합니다. 전통적인 운영 역할이 불필요해질 수 있다는 것입니다. 즉 단순 반복 영역이 대체될 것이고 아주 높은 수준의 전문성과 판단 능력이 중요해질 것이기 때문입니다. 이번 장에서는 생성형 인공지능 기술에 집중하기보다는 이런 기술이 우리 일자리와 직업에 어떻게 영향을 미칠 것인지 답하기 위해 여러 뉴스, 논문, 백서를 정리하고 미래 대응 방향을 함께 고민해 보려고 합니다.

우선 최근에 정말로 많이 쏟아져 나오는 직업의 미래future of employment에 관한 전망을 종합해 보죠. 한국에도 소개되어 큰 관심을 받은 기사가 바로 골드만삭스의 일자리 전망이었는데 최근의 인공지능 발전으로 인해 전 세계 최대 3억 개의 정규직 일자리가 어떤 형태로든 자동화될 수 있다고 전했습니다.[11] 구체적으로 행정 관련

기술 변화에 따른 일자리 변화

인공지능·로봇으로 대체 가능한 직업 (자료: 고용정보원)

순위	대체 비율 높은 직업	대체 비율	대체 비율 낮은 직업	대체 비율
1	청소원	1	회계사	0.221
2	주방보조원	1	항공기조종사	0.239
3	매표원 및 복권 판매원	0.963	투자·신용분석가	0.253
4	낙농업 관련 종사자	0.945	자산운용가	0.287
5	주차 관리원·안내원	0.944	변호사	0.295
6	건설·광업 단순 종사자	0.943	증권외환 딜러	0.302
7	금속가공기계 조작원	0.943	변리사	0.302
8	청원경찰	0.928	컴퓨터 하드웨어 기술자	0.323
9	경량 철골공	0.92	기업 고위 임원	0.324
10	주유원	0.908	컴퓨터 시스템·보안 전문가	0.338
11	펄프·종이 생산직	0.905	보건위생·환경 검사원	0.345
12	세탁원·다림질원	0.902	기계시험원	0.349
13	화학물 가공·생산직	0.902	보험·금융 상품 개발자	0.354
14	곡식작물 재배원	0.9	식품공학 기술자·연구원	0.367
15	건축 도장공	0.899	대학교수	0.37
16	양식원	0.898	농림어업 시험원	0.371
17	콘크리트공	0.897	전기·가스·수도관리자	0.375
18	패스트푸드원	0.89	큐레이터, 문화재보존원	0.379
19	음식 배달원	0.888	세무사	0.379
20	가사도우미	0.887	조사 전문가	0.381

※ 대체 비율이 높은 직업일수록 인공지능·로봇으로 대체될 가능성이 높다는 의미임

직업은 46%, 법 관련 직업은 44%가량이 대체되지만 건설업에 미치는 영향은 4% 정도밖에 되지 않는다고 합니다. 사실 필자가 볼 때 이 연구 결과가 흥미로운 것은 2017년 한국고용정보원에서 내놨던 「기술변화에 따른 일자리 변화」에서 가장 대체되기 어려운 직업으로 뽑았던 행정, 법률, 회계 직군이 가장 높은 확률로 대체되고 있다고 골드만삭스는 내다보았기 때문입니다. 더불어 몸을 쓰는 여

러 직군의 일이 오히려 대체되기 어렵고 높은 부가가치를 만들 것이라는 전망을 내놨죠.

챗GPT는 광범위한 직업군에 막강한 영향력을 지닌다

사실 더욱 흥미로운 연구 결과는 바로 챗GPT를 만든 오픈AI 연구팀 주도로 진행된 「GPTs are GPTs: An Early Look at the Labor Market Impact Potential of Large Language Models」입니다.[12] 제목부터 상당히 재치 있게 적었는데 앞의 GPT는 우리가 지겹게 듣고 있는 '생성형, 사전 학습된, 트랜스포머Generative Pre-trained Transformer'의 약자이고 뒤의 GPT는 '일반 목적 기술General Purpose Technology'의 줄임말입니다. GPT란 기술이 일반 목적 기술로서 노동시장에 얼마나 영향을 미칠 것인지를 GPT4를 활용해서 실험하고 살펴본 연구입니다.

이 연구에서는 대규모언어모델LLM 기능과 직업 간 상관관계를 평가했고 전문가 견해와 GPT4 분류를 통합해서 제시합니다. 결론적으로 대규모언어모델이 도입될 경우 미국 노동력의 약 80%가 최소한 작업의 10%에 영향을 받을 수 있으며 약 19%의 노동자들은 작업의 50% 이상에 영향을 받을 수 있다고 밝혀졌습니다. 이러한 영향은 고소득 직업에서 대규모언어모델 기능과 대규모언어모델에 기반한 소프트웨어에 의해 대체될 확률이 더 커질 수 있는 모든 임금 수준에 걸쳐 나타날 수 있습니다.

또한 해당 연구에서는 대규모언어모델 기능을 활용하면 미국에서 모든 노동자의 작업 중 약 15%가 동일한 품질로 훨씬 더 빠르게 완료될 수 있음을 주장합니다. 그리고 대규모언어모델에 기반한 소프트웨어와 도구를 사용하면 그 비율이 모든 작업의 47~56%로 증가합니다. 구체적으로 과학science과 비판적 사고력critical thinking은 대규모언어모델의 영향을 가장 적게 받는 반면 프로그래밍 및 글쓰기 기술은 대체 가능성이 큰 것으로 보여 이러한 기술과 관련된 직업이 대규모언어모델의 영향을 더 쉽게 받을 수 있음을 의미합니다.

그렇다면 구체적으로 각 산업과 직업군의 변화는 어떨까요? 우선 고객 서비스 분야에서는 인공지능 챗봇과 가상 도우미가 인간 고객 서비스 직원을 대체할 것으로 보입니다. IBM에 따르면 고객과의 서비스 상호작용 중 65%가 인공지능 챗봇에 의해 처리될 수 있다고 합니다.[13] 이러한 변화로 인해 고객 서비스 직원은 더 복잡한 문제나 창의적인 해결책을 요구하는 업무에 집중할 수 있게 됩니다.

둘째, 콘텐츠 제작 분야에서는 인공지능이 블로그, 기사, 소셜 미디어 게시물 등 고품질 콘텐츠를 생성함으로써 인간 작가나 카피라이터의 필요성이 줄어들 것으로 예상됩니다. 이러한 기술은 기업들에는 시간과 비용을 절약할 기회를 제공하지만 동시에 노동시장에서 일자리 수를 감소시킬 수 있다는 우려도 있습니다.

셋째, 데이터 분석 분야에서는 결국 인공지능이 인간 데이터 분석가들을 대체하여 대규모 데이터 세트를 처리하고 분석하는 업무를 수행할 것으로 보입니다. 이에 따라 기업들은 데이터 분석 비용을 크게 절감할 수 있습니다. 가령 2024년 3월 공개된 앤스로픽

Anthropic의 생성형 인공지능 서비스인 클로드Claude는 멀티 모델을 기반으로 데이터 분석 기능을 제공할 예정입니다. 분석 절차를 계획하고 웹 크롤링으로 데이터를 수집한 후 데이터를 정제하고 통합하고 모델링과 예측을 하여 시각화와 결과 해석까지 도와줍니다.

더욱 놀라운 것은 챗GPT와 제미나이Gemini에서 제공하는 데이터 분석 기능과는 다르게 서브 에이전트 모델을 활용한다는 점입니다. 비유하자면 데이터 분석 일을 클로드에 맡기면 기획자, 분석가, 모델러, 디자이너 같은 전문가 몇 명을 한 팀으로 꾸려서 유기적으로 프로젝트를 진행하고 결과물을 내놓는다는 것입니다. 이런 기술적 발전은 데이터 분석 영역에 또 다른 패러다임을 바꿀 것으로 기대됩니다.

넷째, 의료 분야에서는 인공지능이 활용된 챗봇이 의료 전문가들을 도와 진단과 치료를 제공함으로써 의료 종사자들의 업무 부담을 줄일 수 있습니다.[14] 또한 교육 분야에서는 인공지능 챗봇이 가상 조교 역할을 수행하여 교사들의 시험 채점이나 수업 계획 작성과 같은 행정 업무를 도울 수 있습니다. 이에 따라 교사들은 학생들과의 상호작용과 교육 활동에 더 많은 시간과 에너지를 쏟을 수 있게 됩니다.[15]

다섯째, 마케팅 및 광고 분야에서는 인공지능 챗봇이 고객과 상호작용하여 데이터를 수집함으로써 기업들이 개인화된 마케팅 메시지를 제공할 수 있게 됩니다. 마찬가지로 생성형 인공지능 알고리즘이 자동으로 광고 캠페인과 창의적인 자료를 디자인할 수 있어 일부 경우에는 인간 디자이너를 대체할 수 있습니다.[16] 이러한 기술의 도입은 마케팅 및 광고 분야에서 인력 수요의 변화를 가져올 것으로 예상합니다.

인공지능이 인간과 협력해 한계를 보완할 수 있다

생성형 인공지능과 챗GPT가 모든 영역의 직업군을 완벽하게 수행하기는 어렵습니다. 두 가지 측면에서 최근 연구들이 밝히고 있는 점을 들여다보려고 합니다. 우선 챗GPT가 글쓰기와 저널리즘에 미치는 영향입니다. 생성형 인공지능이 생성하는 콘텐츠는 정확성, 편향성, 진실성에 영향을 미칠 수 있으며 인간의 창의성과 섬세함이 사라질 가능성에 대한 우려를 불러일으킵니다. 예를 들어 언론사들이 인공지능을 활용해 뉴스 기사를 작성하면 빠른 속도와 낮은 비용으로 대량의 기사를 생성할 수 있지만 기계가 작성한 기사에는 인간의 감성과 독특한 시각이 결여될 수 있습니다. 또한 인공지능 기술이 정치적 선입견이나 사회적 선입견이 담긴 데이터를 학습할 경우 이러한 편향성이 기사에 반영될 수 있습니다. 이는 정보의 질과 독자의 신뢰도에 영향을 미칠 수도 있습니다.

생성형 인공지능이 저널리즘에 미치는 영향에 관한 또 다른 예로 딥페이크Deepfake 기술이 있습니다. 인공지능에 기반한 이 기술은 영상과 오디오를 조작하여 현실과 구분하기 어려운 가짜 뉴스를 만들어낼 수 있습니다. 따라서 소비자들이 진실과 거짓을 구분하기 어려운 상황이 발생하며 언론의 신뢰성에 타격을 줄 수 있습니다. 반면에 생성형 인공지능 기술을 올바르게 활용한다면 인간 기자와 협력하여 보다 효율적인 뉴스 콘텐츠를 생산할 수 있습니다. 인공지능이 단순하고 반복적인 작업을 처리하면 기자들은 더 깊이 있는 분석과 인터뷰 등 창의적인 업무에 집중할 수 있습니다. 이를 통해 인간 기자의 역할을 강화하고 언론의 질을 높일 수 있습니다.

둘째, 생성형 인공지능이 고객 서비스에 미치는 영향입니다. 인공지능 챗봇은 일상적인 문의는 인간보다 효율적으로 처리할 수 있지만 복잡한 고객 문제를 처리하기 위해 필요한 공감 능력과 문제해결 능력은 부족할 수 있습니다. 예로 은행이나 통신사 같은 기업들이 고객 서비스를 위해 인공지능 챗봇을 도입하면 간단한 계좌 문의나 요금 확인 등의 작업을 빠르게 처리할 수 있습니다.[17] 그러나 고객의 개인적인 문제나 감정적 대응이 필요한 상황에서는 챗봇의 대처가 한계를 보일 수 있습니다.

따라서 인간과 기계가 협력하여 고객 서비스를 제공하는 방식이 필요합니다. 기계는 간단한 문의와 단순 반복 작업을 처리하고 인간 상담원은 복잡하고 공감이 필요한 상황을 처리하는 역할을 맡는 것입니다. 이를 통해 고객 서비스의 효율성과 만족도를 높일 수 있을 것입니다.

또한 인공지능 챗봇의 발전을 통해 고객 서비스 분야에서 인간의 역할이 변화할 수 있습니다. 상담원의 역할은 고객과 상호작용을 하고 인공지능 시스템을 통해 얻은 정보를 바탕으로 더 나은 서비스를 제공하는 단계로 발전할 수 있습니다. 이를 위해서 상담원은 인공지능 기술에 대한 이해와 함께 고객에 대한 공감 능력을 키워야 합니다.

결국 생성형 인공지능 기술의 발전은 글쓰기와 저널리즘, 고객 서비스 등 다양한 분야에 영향을 미치지만 인간의 창의성과 공감 능력이 필요한 분야에서는 기계와 인간이 협력하여 더 나은 결과를 끌어낼 수 있을 것입니다.

변화에 맞춰서 스스로 변화하고 적응해야 한다

이처럼 직업 유지를 위해 필요로 하는 역할과 스킬이 바뀌고 있습니다. 그렇다면 앞으로 미래에 어떻게 대응하면 좋을지 세 가지 자료를 중심으로 설명해 보겠습니다. 우선 우리를 이런 변화의 구렁텅이(?)로 몰아넣은 주인공 중 한 명인 마이크로소프트 CEO 사티아 나델라가 「월스트리트저널」과 인터뷰한 내용입니다.[18] 요약하면 생성형 인공지능과 마이크로소프트의 향후 서비스가 가져올 미래에 관한 이야기입니다.

그는 지식 노동자가 그동안 누려왔던 차별적 강점이 해체되는 시기를 겪고 있으며 전 세계에서 누구든지 생성형 인공지능을 활용해서 기존 지식 노동자가 누렸던 강점을 가질 수 있다고 말합니다. 더불어 대규모언어모델은 전 세계 95개국 언어로 활용되며 전파 속도가 빠르고 이용하기 쉬우므로 인도의 지방에 사는 사람들도 2~3일 이내에 새로운 기술을 활용하여 삶의 질을 높일 수 있다고 주장합니다. 즉 생성형 인공지능은 기존에 존재하던 직업 간 위계hierarchy를 빠른 속도로 해체할 것이고 지리적 위치에서 가졌던 장점도 누리지 못하게 될 것이라는 이야기입니다.

이를 위해 우선 유연한 업무 모델을 도입해야 합니다. 근무 방식과 근로시간에 대한 유연성을 높여 인재들이 업무에 집중할 수 있도록 해야 합니다. 이는 재택근무, 프리랜서, 파견 등 다양한 형태의 근로자들과 협력하는 것을 포함하며 근로시간 역시 마찬가지입니다. 둘째, 앞으로 더욱 인재 개발에 집중해야 합니다. 미래의 일에 필요한 기술과 역량을 갖추도록 계속해서 투자하고 교육하는 것이 중요합니다. 이를 통해 조직은 시장 변화에 적응할 수 있을 뿐만 아니라 경쟁력을 유지할 수 있을 것입니다. 셋째, 직원 경험을 개선해야 합니다. 직원 경험은 구성원이 조직에서 느끼는 감정과 인지의 총합을 의미합니다. 조직은 직원의 성장, 복지, 업무 만족도를 높이는 것이 더욱 중요합니다. 직원 경험을 증진하기 위해 다양한 요구에 맞춘 맞춤형 프로그램을 개발하고 실행해야 합니다.

마지막으로 『사피엔스』 등으로 잘 알려진 유발 하라리가 EBS의 「위대한 수업」에서 이야기한 인공지능에 영향을 받는 직업과 우리의 대응에 관한 내용입니다.[19] 유발 하라리는 인공지능이 쉽게 대체할 수 있는 직업에 대해 언급하면서 그러한 직업들의 특징과 미래에 관해 이야기합니다. 그는 우리가 오랫동안 암묵적으로 믿어온 가정인 사회적 지위가 높은 사람들은 인공지능에 의해서 대체되기 어렵다는 가정을 깨부숩니다. 가령 의사나 데이터 분석가 같은 사회적 지위와 급여가 높은 직업이 인공지능에 의해서 오히려 쉽게 대체될 수 있다는 것입니다. 의사는 정보를 분석하고 진단을 내리는 일을 하지만 간호사는 환자와 인간적인 상호작용이 필요한 업무를 수행하기 때문입니다.

또한 창의력이 필요한 분야에서도 인공지능을 대체 불가능한 것으로 간주하지 않습니다. 많은 영역에서 창의성은 기존의 것을 분해하고 다르게 조합하여 새로운 형태를 만드는 방법으로 발현됩니다. 그런데 인공지능이 잘하는 일이 이런 분야라는 것입니다. 이에 따라서 많은 직업이 사라질 수 있다고 경고합니다. 또한 새로운 일자리가 생길지라도 고도의 기술이 필요할 것이라고 합니다. 따라서 개인과 정부 모두 대규모 재교육 제도reskilling를 통해 인력을 새로운 직업에 투입할 수 있는지 함께 논의해야 한다고 주장합니다.

다만 그 방법은 샘 올트먼이 준비하고 있는 기본소득 제도와 같은 정책적 방법보다는 모든 사람에게 교육과 배움의 기회를 제공하는 방법이 더 나을 것입니다. 이를 통해 사람들은 새로운 경제 체제에서 자신의 위치를 찾고 복지 수준을 높일 수 있을 것입니다. 또 개인이 자신의 삶을 결정할 기회를 잡고 사회에서 존중받는 기반을 마련할 수 있을 것입니다.

직업의 미래는 지속해서 변화할 것입니다. 지금 이 순간에도 새로운 기술이 등장하여 우리의 일자리를 위협하고 우리에게 새로운 기술적 역량을 요구할 것입니다. 이토록 변화가 빠르게 일어날 때 우리는 오히려 '변하지 않는 것'에 집중해야 합니다. 사티아 나델라와 유발 하라리가 이야기한 대로 변하지 않는 것은 변화에 맞춰서 스스로 변화하고 적응할 수 있는 능력입니다. 조직과 리더는 우리가 변화할 수 있도록 도울 수도 있습니다.

하지만 그보다는 우리 스스로가 더 민첩하게 변화의 방향성을 인식하고 준비해야 합니다. 이를 위해 미래의 나침반을 준비해야 하는데 그 나침반은 인간적 판단과 기계적 판단이 함께 작동하는 태엽과 시추로 구성되어 있어야 합니다. 다음으로는 조직 내 인간 관계의 변화에 대해 살펴보겠습니다.

4장

코로나19와 생성형 인공지능은 직장생활을 어떻게 바꿨는가

1.

배울 만한 동료와 일이 되게 도와주는
상사의 역할이 대두된다

구성원 간 친한 관계가 조직 몰입과 유지에 있어 중요하다

조직은 '목표 달성을 위해 여러 사람이 모인 집단'입니다. 여기서 키워드는 목표와 여러 사람입니다. 조직에서 살아가는 우리는 직장, 동료, 상사 등 다양한 관계를 맺고 있습니다. 우리가 조직에서 관심 있게 바라봐야 할 관계의 의미와 범위는 제법 다양합니다.

첫 번째는 구성원 간 관계가 있습니다. 2023년 페이첵스Paychex의 설문에 따르면 대퇴사 기간에 그만둔 구성원의 80%가 퇴사를 후회한 적이 있다고 응답했습니다. 동일한 응답자들에게 퇴사 이유를 물어본 결과 26.6%는 '돈money', 21.3%는 '커리어 성장', 10.1%는 '회사 비전의 불투명성', 그리고 8.4%는 '존중받지 못해서'라고 답했습니다. 결국 절반 가까운 구성원이 더 많은 급여와 커리어 성장을 추구하며 다른 회사로 떠났다는 의미입니다. 여러 연구 결과에서도 비슷한 이유가 뽑혔습니다. 이 설문의 흥미로운 점은 바로 '큰 후회들Big regrets'을 밝혔다는 데 있습니다. 회사를 떠났던 사람들에게 가장 후회되는 점이 무엇인가를 물어보았을 때 '변화 적응의 어려움'과 '전 직장에 두고 온 친한 동료'라고 응답했습니다. 새로운 직장이나 직무에 적응하는 것과 같은 변화는 늘 어렵기 때문에 새롭지 않더라도 '직장 동료'가 큰 후회의 하나로 꼽혔다는 점은 새로운 발견입니다.

2022년 엠브레인 트렌드모니터가 한국 직장인 1,000명에게 설문한 결과에서도 직장 내 인간관계 확장이 필요하다고 응답했고 (52.8%), 연령층이 높을수록 직장에서 원만한 인간관계는 업무를 잘할 수 있는 계기라고 답했다고 합니다.[1] 이는 한국 직장인에게도 조직 내 관계가 중요시되고 있음을 의미하며 더 나아가 조직 내 친한 관계friendship는 구성원이 조직에 잔류하는 데 중요한 영향을 미칠 수 있음을 뜻합니다.

2023년 메타가 발간한 「새롭게 떠오르는 문화」 보고서에도 '관계의 진화'라는 주제를 소개하면서 현대인에게 관계는 행복의 열쇠이며 관계를 어떻게 맺는지가 중요하다고 강조했습니다.[2] 정리하면 앞으로 구성원 간 친한 관계는 조직 몰입과 유지에 중요한 단서가 될 것이므로 직장 내에서 친한 관계를 만들 수 있는 구성원 간 소통 활성화와 관련된 활동을 독려할 필요가 있습니다.

상사는 일이 잘되도록 소통하고 도와주는 존재가 되어야 한다

두 번째 관계의 변화는 바로 상사의 의미 변화입니다. 코로나19 전후로 조직 내 상사의 의미 변화가 있었는지 알기 위해서 전과 후

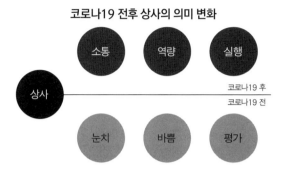

코로나19 전후 상사의 의미 변화

로 기간을 구분해서 데이터를 살펴봤습니다. 코로나19 전에 상사·팀장은 주로 '눈치' '바쁨' '평가' 등의 단어가 주로 활용됐습니다. 상사·팀장은 윗사람으로서 눈치를 주로 보고 나를 평가하는 사람이자 바쁜 존재로 인식되고 있었다는 의미입니다. 그러나 코로나19 후 상사·팀장과 관련된 담론에서는 '소통' '역량' '실행'이란 표현이 주로 나왔습니다. 상사는 역량 있고 소통하며 실행을 도와주는 동료로서 기대와 인식이 함께 공존하고 있다는 의미입니다. 요약하면 코로나19 전에 상사는 내게 일을 주고 평가하는 '윗사람boss'이었다면 후에는 내 일을 도와주는 '협력자enabler'로서 인식되고 있다는 점입니다.

현대 직장인이 상사에게 요구하는 소통은 회사의 정보 공유, 업무 및 목표 명확성 등 다양한 목적어와 주어에 영향을 받습니다. 업무와 목표 측면에서 상사와 구성원이 느끼는 소통에 차이가 특히 큽니다. 임원이나 팀장으로서 상사는 일의 배경과 목적 등의 큰 방향성을 중심으로 업무 지시를 하는 반면 MZ세대를 포함한 구성원은 구체적인 아웃풋 이미지, 어떤 양식과 폰트를 활용했는지 등 기존 자료를 구체적으로 함께 제시해 주기를 원합니다. 그림 「상사의 업무 지시와 구성원의 마음」은 현대 직장인이 상사에게서 업무 지시를 받고 느끼는 상황을 표현한 것으로 마치 점술가처럼 상대의 마음을 맞춰야 한다는 상황을 자조적으로 드러내고 있습니다.[3] 이처럼 현대 직장인이 기대하는 조직 내 소통은 구체적인 가이드 수준이며 이는 불확실한 것을 선호하지 않는 특성에서 기인하는 것으로 보입니다. 따라서 기존과는 다르게 상사는 협력자로서 결과물의 이미지뿐만 아니라 관련 자료까지 공유해 주기를 바란다는 것을 알 수 있습니다.

이런 인식 차이는 미국의 데이터에도 비슷하게 드러납니다. 2023 미국인사관리협회 콘퍼런스에서 크리스Kris가 발표한 연구에 따르면 코로나19 이후 구성원이 기대하는 리더는 신뢰할 수 있는 행동과 역량을 보여주고 협업할 수 있는 사람임을 알 수 있습니다.[4] 미국 직장인 역시 상사를 평가하고 관리하는 사람이라기보다는 능력과 소통을 바탕으로 신뢰를 주고 일을 도와주는 협력자로 인식하고 기대하고 있다는 것입니다. 이런 역할에 대한 인식 차는 조직에서 매우 중요한 함의를 가집니다. 만일 상사·팀장이 여전히 '나는 일을 주고 평가하고 관리하는 사람'이라고 인식하고 있는 반면 구성원은 '일이 잘되도록 소통하고 도와주는 존재'로 인식한다면 이는 잠재적 갈등 요소가 될 것입니다. 실제로 필자는 최근 여러 조직을 돌아다니면서 데이터를 분석하고 구성원과 대화하면서 이런 문제가 이미 표면화되어 갈등으로 드러나고 있음을 파악했습니다. 따라서 코로나19 이후 이런 상사-구성원 간 관계 의미 변화를 인지하고 있어야 할 것입니다.

조직 구성원 개념이 확장되어 관리자의 소통 능력이 중요하다

세 번째 관계의 변화는 조직 구성원 개념이 인공지능과 로봇까지 확장된다는 점입니다. 미국에서 사람과 일 관련해 가장 많은 연구를 진행하는 팀 중 하나인 미국인사관리협회 연구팀은 2023년 초부터 인공지능과 로봇을 조직 구성원으로 정의하고 인간과 협업해야 함을 강조하며 관련 연구를 여럿 진행 중에 있습니다. 조직 내 구성원으로서 인공지능과 로봇의 역할, 과업, 성과 기준, 성공과 실패 등을 정의해야 한다는 것입니다. 이는 인간이 인공지능과 로봇과 협업하면서 조직 목표를 달성해가는 데 중요한 요소들입니다.

또한 조직 내 중간관리자를 포함한 리더의 역할도 재정의가 필요합니다. 앞서 이야기한 대로 조직 내 상사·팀장의 의미가 협력자로 재정의되고 있는 상황에서 상사·팀장은 기존의 단순 반복 업무(예: 구성원 업무 관리, 성과 확인 등)는 인공지능 등을 활용해서 효율화하고 더 많은 시간을 구성원의 업무에 필요한 부분을 도와주거나 소통하는 데 할애할 수 있을 것입니다. 가령 인서머리InSummary와 같은 생성형 인공지능은 개인 일정을 정리해서 업무와 성과 등을 효율적으로 관리할 수 있도록 돕습니다. 또한 제미나이Gemini를 통해 구글 메일과 스케줄, 파일 등을 관리함으로써 단순 반복 업무를 대체할 수 있습니다. 이처럼 직장 내 여러 관계가 변화하고 있는데 직장인이 직장과 맺고 있는 관계는 어떤 변화가 있을까요?

2.

직장은 단기적 경제 교환과
심리적 거래관계로 바뀌고 있다

코로나19 이후로 직장과 직장인의 관계가 변화했다

지금까지 우리는 직장 내 동료와 상사의 의미 변화를 살펴봤습니다. 이를 필자는 '관계의 재발견'이라 정의했습니다. 오랫동안 우리에게 상사는 윗사람으로서 일을 주고 평가하는 존재였으나 협력자로서 의미가 변하고 있습니다. 동료 역시 함께 일을 나누는 협업의 대상에서 더 나아가 성장을 위한 동력이 됐습니다. 이런 변화의 기저에는 우리가 인식하는 직장의 의미가 바뀐 것이 주요 원인으로 작용하고 있습니다. 가트너Gartner는 2024년 조직에서 가장 관심 있게 살펴봐야 할 주제를 선정한 바 있는데 리더와 매니저 개발, 조직문화 등 일반적으로 우리가 중요하다고 생각하는 내용이 뽑혔습니다.[5]

그런데 여기서 눈여겨봐야 할 것은 트렌드를 만든 원인입니다. '직장과 직장인 간 불안정한 관계'가 주요한 이유로 뽑혔는데 구체적 원인으로는 '시·공간 선택권을 누가 쥐는가'에 대한 상호 의견 차이와 신뢰 저하가 있습니다. 코로나19 시기에 대규모로 재택근무를 하며 시·공간 선택권을 갖고 있던 직장인을 다시금 사무실로 불러들이면서 직장과 직장인 간 관계가 불안정해졌다는 것이죠.

이는 한국에서도 또 다른 이유와 함께 복합적으로 드러나고 있습니다. 필자가 텍스트 데이터에서 '직장' 담론을 분석한 결과 코로나19 전에 직장을 둘러싼 표현으로는 안정, 평생, 연봉, 편하다, 복지 등이 주로 나왔던 반면 코로나19 후에는 동료, 문화, 연봉, 가능성 등이 주로 나옴을 알 수 있었습니다. 해석하면 코로나19 전에는 직장은 연봉과 복지를 누리며 편히 오랫동안 다니는 곳으로 인식됐습니다. 그러나 코로나19 후에는 연봉도 중요하지만 어떤 문화속에서 누구와 일하며 어떤 가능성이 있는지를 주로 이야기합니다. 이는 일과 직업에 대한 인식의 변화와 맥을 같이합니다. 내가하는 일이 성장과 가치를 추구할 수 있는가와 함께 소속 조직이 이를 추구할 수 있는 곳인가를 주로 이야기하고 있었습니다. 현대 직장인에게 직장은 평생 기댈 수 있는 곳에서 매일을 살아가는 곳으로 의미가 바뀐 것을 알 수 있습니다.

기존 고용 관계에서는 특수적 자산에 의해 이익을 얻었다

직장과 직장인 간 관계를 고용 관계로도 이야기할 수 있습니다. 이 둘 간의 관계는 개방형 거래 속성open-ended transaction을 갖습니다. 직장인이 회사에 입사할 때는 역할, 책임, 성과 기대치 등이 명시화되어 계약을 맺지만 시간이 지나면서 이러한 조건들은 직원 경험, 회사의 변화, 상호작용을 통해 구체화되고 발전됩니다. 그리고 둘은 경제적 관계와 사회적·심리적 관계를 맺게 됩니다. 경제적 관계는 고용에서 급여, 복지, 승진 등 명확하고 측정 가능한 거래를 표현하는 반면 사회적·심리적 관계는 신뢰, 몰입, 만족, 애착 등 덜 가시적이고 추상적인 요소를 포함합니다. 고용 관계를 조직 외부와 내부로 구분해서 직장과 직장인 간 관계를 경제적 관계로만 들여다보면 조직 외부에서 개인은 얼마든지 더 높은 급여를 주는 직장으로 이직할 수 있고 직장은 같은 비용에 더 능력 있는 후보자를 탐색할 수 있습니다. 반면 조직 내부에서 직장과 직장인 간 관계는 시간이 지남에 따라 심리적, 암묵적으로 기여하는 바가 커집니다.

코로나19 전에 한국 직장인이 주로 이야기한 안정, 평생, 편하다 등은 사회 및 심리적 관계를 중시한 것으로 생각되며 이는 조직과 개인 모두에게 유리한 전략이었습니다. 왜냐하면 시간이 지남에 따라 사회적·심리적 관계가 성숙해지면 조직과 개인 간에는 관계 특수적 자산relation-specific assets이 형성되기 때문입니다. 이 자산은 특정 관계에서만 가치를 가집니다. 예를 들어 직원이 갖고 있는 특정 기술, 회사에 대한 깊은 이해, 독특한 팀워크 등은 직장과 직원을 더욱 결속하여 직원이 외부 시장에서 고립되는 역할을 합니다. 왜냐하면 직원이 갖고 있는 자산 가치는 다른 회사나 다른 상황에서는 동일한 가치를 갖지 못하기 때문입니다. 그에 따라 고용 관계에서 직장은 경제적 측면에서 우위를 갖게 되고 직원은 심리적으로 안정감을 더욱 추구했던 것입니다.

경제적 관계가 전통적 관계를 대체하면서 전문성이 중요해졌다

코로나19를 겪으면서 전 세계적으로 갑작스럽게 대규모 해고가 자연스러워졌고 생성형 인공지능을 포함한 기술 발전이 급속도로 전개되면서 직장과 직장인 간 관계에서 사회 및 심리적 속성과 관계 특수적 자산이 힘을 잃기 시작했습니다. 오히려 직장과 직장인은 모두 개인의 능력에 기반해서 경제적 관계를 더욱 강화하는 측면으로 이동하는 것이죠. 이에 코로나19 후에 직장은 동료, 문화, 연봉, 가능성 등으로 인식됩니다. 누구와 함께 일하고 어떤 문화 속에서 배울 수 있고 내 몸값marketability을 높일 가능성이 얼마인지가 결국 직장이 주는 최고의 가치이기 때문입니다.

한국의 경우 직장에 대한 인식과 고용 관계는 더욱 경제적 관계가 강해질 것입니다. 2030년 생산가능인구가 감소함에 따라 일할 사람이 부족해진다는 것은 구직자 중심 노동시장으로의 이동을 의미하기 때문입니다. 지금까지는 구직자가 회사에 지원하고 면접을 보러 다녔다면 이제는 회사가 우수한 개인을 먼저 찾아서 연락하고 면접을 보는 시대가 멀지 않았다는 의미이기도 합니다. 그리고 이미 일부 직군은 구직자 위주 시장으로 넘어갔고 채용에서도 리크루터recruiter가 주요한 역할을 하고 있습니다. 그들은 인재 커뮤니티talent community에서 잠재력을 보이거나 우수한 구직자에게 먼저 다가가서 관계를 맺고 영입하기 위해서 여러모로 노력하고 있습니다.

결국 고용 관계에서 우리가 지속해서 유리한 위치에서 가치를 갖기 위해서는 한 직장과 직무에서 시간을 들여서 관계 특수적 자산을 쌓기보다는 내가 하는 업에서 전문성과 지속 성장이 가능한 능력을 쌓아야 합니다. 애덤 그랜트는 저서『히든 포텐셜』에서 숨은 잠재력을 깨우기 위한 여러 조건을 말하는데 그중 하나가 바로 품성입니다. 일과 직장을 대하는 품성 중에서도 주도력, 결단력 등이 중요함을 여러 연구와 데이터로 검증하고 있습니다. 직장의 의미가 변화하고 있는 시대에 우리 스스로 직장에 줄 수 있는 가치를 지속해서 만듦으로써 우위를 확보해야 할 것입니다.

성과급 같은 변동성 급여의 중요성이 더욱 커진다

경제적 관계에서 복지와 승진도 중요하지만 직접적으로 우리 주머니에 들어오는 돈이 얼마인지가 가장 영향이 클 것입니다. 복지와 급여의 만족도를 설명하면서 제시했듯이 최근 전 세계 직장인이 경험하는 실질임금은 하락했습니다. 그러므로 최근 한국 직장인 역시 돈을 중요한 가치로 생각하는 추세입니다. 그렇다면 코로나19 전과 후로 구분했을 때 돈과 연봉의 인식은 어떻게 바뀌었을까요?

우선 '연봉과 급여'라는 두 단어를 표현하는 형용사와 명사가 무엇인지 살펴보았는데 전에는 복지, 상승률, 인상, 강도 등의 표현이 주로 나옵니다. 이는 직장에서 받는 급여의 전년 대비 상승률이 얼마인지, 업무 강도 대비 적절한 돈을 받고 있는지에 집중함을 알 수 있습니다. 즉 급여를 바라보는 시선이 현 직장에서 작년 대비 얼마나 인상했고 하는 일에 비해서 공정한가에 관심이 있었다는 의미입니다. 그러나 후에는 성과급, 비교, 대비, 차이, 협상 등의 표현이 확연히 증가합니다. 이는 현 직장에서 전년 연봉과 업무 강도를 기준으로 내 연봉 가치를 생각하기보다 동종 업계나 타사 대비 차이와 변동성이 높은 성과급에 관심이 있다는 것을 의미합니다. 즉 소속 조직과 일이라는 속성보다는 조직 외부의 조건과 성과급이란 변동성에 더욱 관심이 있음을 방증합니다.

직장과 직장인 간 관계에서 경제적 관계가 강화되면서 현재 직장인은 노동시장에서 내 급여 가치가 얼마인지를 지속해서 가늠하고 있고 고정적으로 받는 급여보다는 변동성이 큰 성과급에 관심이 큼을 알 수 있습니다. 이는 일과 직업, 직장의 의미가 변화하는 현상과 자연스럽게 이어지는 인식의 변화입니다. 마치 프로선수처럼 내가 성장하고 몸값이 높아지면 그에 맞게끔 더 높은 급여와 성과급을 추구하는 것이죠. 앞으로 경제적 관계로서 고용 관계가 강화된다면 이런 경향성은 더욱 강해질 수 있습니다. 물론 고정적으로 매달 입금되는 기본급도 누군가에게는 중요하지만 근속 기간을 3년 이상 바라보지 않는 현재 추세에서 장기적으로 안정성 있게 받는 급여보다는 짧은 근속 기간에 받을 수 있는 변동성 급여의 중요성이 더욱 커진다는 의미입니다. 그렇다면 현재 직장인이 생각하는 이직은 어떤 의미와 패턴을 보이고 있을까요?

3.

인재사관학교 역할을 해주는
직장으로 사람이 몰린다

이직이 훨씬 잦아졌고 미래를 위한 활동으로 인식되기 시작했다

"중학 님 커피 한잔하시겠어요?"

오전 시간에 울리는 메신저에 커피 한잔을 하자는 말은 무엇인가 고민거리가 있다는 신호일 때가 많았습니다. 사실 대화의 대부분은 현재 함께 근무하고 있는 상사에 대한 어려움과 이직에 대한 고민이었습니다. 한 설문조사에서 발표한 바에 따르면 한국 직장인 약 1,300명 중에 95% 이상이 커리어 관련 고민을 하고 있으며 그중에서도 이직에 관한 고민이 많다고 답했다고 합니다.[6] 이제 직장인에게 이직은 일상적 고민이 됐고 한참 IT 인력 부족 현상이 있을 때는 한 회사에 3년 이상 다니는 개발자는 능력이 없다고 인식되기도 했죠.

단기간에 특정 목표를 달성하기 위해 회사를 옮겨 다니는 현상을 '잡호핑Job hopping'이라고 하는데 호핑hopping은 보통 메뚜기와 같은 곤충이 뒷다리로 껑충 뛰어다니는 모습을 표현하는 동명사입니다. 2~3년 이내에 회사를 옮겨 다니는 집단을 일컬어 잡호핑족이라 부르고 미국과 베트남 등에서는 일반 명사처럼 쓰입니다. 2020년 잡코리아 조사에 따르면 설문에 응답한 1,700여 명의 2030 직장인 중 38% 이상이 능력 개발과 연봉 상승을 위해 1~3년마다 이직하는 것으로 나타났습니다.[7] 2022년 기준 카카오의 평균근속은 4.9년, 이직률은 9.5%를 기록했고 엔씨소프트와 네이버 등도 이직률이 6% 이상을 기록한 것에서 알 수 있듯이 우리 사회에서 이직이 전보다 익숙해지고 있습니다.[8] 이후 대퇴사 시대를 거치면서 이직은 자연스러운 현상이 됐습니다. 그렇다면 BC와 AC에 한국 직장인이 생각하는 이직에 대한 관념은 어떻게 변화해 왔을까요?

우선 코로나19 전에는 이직에 대한 표현이 경력, 준비, 연봉, 고민, 어려움 등이었습니다. 코로나19 후에도 경력, 준비, 연봉 표현이 가장 주요하게 나왔지만 이후에 등장한 표현에서 기회, 추천, 발판, 도움 등의 단어가 나왔습니다. 경력 관리와 연봉이란 이유로 이직을 준비하는 것은 전과 후 모두 동일하지만 전에는 이직 자체를 고민하고 어려워했다면 후에는 이직은 새로운 경력을 위한 기회이자 발판으로 기능할 수 있고 미래를 위해 도움이 되는 활동이기에 추천한다는 표현 등이 주로 나왔습니다. 우리가 이직을 바라보는 시각이 이전에는 어렵고 고민되는 일이었다면 이제는 미래를 위한 활동으로 인식이 빠르게 전환됐고 코로나19를 겪으면서 그런 관념이 더욱 공고해졌습니다.

2023년 미국인사관리협회 콘퍼런스의 한 세션에서 미국 직장인의 평균 이직 횟수가 10회 이상이라고 발표했고 2020년 한 설문에서 한국은 3.1회임을 밝혔습니다.[9] 필자는 인구구조 변화와 기술 발전으로 한국 직장인 역시 앞으로 평생 이직 횟수는 (직장뿐만 아니라 직업 전환까지 포함하여) 적어도 7~8회가 넘을 것으로 예상합니다. 코로나19 이후에 이직에 대한 관념이 바뀌고 횟수가 늘어나게 된 주요 원인이 무엇인지 여러 데이터를 통해 살펴보겠습니다.

성별과 지역에서 남성과 수도권이 임금을 중요하게 생각했다

통계청에서 제공하는 「이직 또는 구직 시 가장 큰 영향을 미치는 요인」 데이터에 따르면 2023년 8월 기준으로 이직자는 94만 3,000명으로 전년 대비 4.8% 증가했다고 합니다.[10] 이 수치는 2022년 이후 지속해서 매달 상승하고 있습니다. 데이터 중 이직의 주요 원인을 성별로 나눠 살펴보았을 때 남성과 여성 모두 임금이 가장 중요하다고 답했지만 남성(49.7%)보다 여성(47.2%)의 임금 중요도가 상대적으로 낮게 집계됐습니다. 그 밖의 요소에서 남성은 회사 전망(5.2%)을, 여성은 근로시간(9.1%)과 복지 수준(4.6%)을 중시함을 알 수 있습니다. 다음으로 연령에 따른 구분에서는 이직을 고려하는 요소가 25~29세는 임금과 안정성, 진로 설계 순으로 나타났습니다. 30~34세 역시 임금과 안정성이 중요하게 도출됐지만 그 외 항목에서는 근로시간이 중요하게 고려됐습니다. 지역에 따른 구분에서는 수도권과 비수도권에서 임금과 근로시간 중요도가 높게 나왔습니다. 흥미로운 것은 수도권이 비수도권에 비해 8% 더 많이 임금을 중시했고 비수도권은 고용 안정성과 진로 설계에 중요도를 높게 주었습니다.

『만족한다는 착각』에서 남성과 여성은 근로시간에 따른 만족도가 반대임을 밝힌 바 있습니다. 남성은 근로시간이 길수록, 여성은 짧을수록 만족이 높다는 것이죠. 원인으로는 전통적인 성 역할에서 남성은 지금까지 가장으로서 많이 인식되기 때문에 오래 일할수록 역할 기대를 채워주고 그로 인해 만족도가 높다는 것입니다. 이처럼 이직 요인에서도 남성은 임금과 장기적 회사 전망을 중시하는 반면 여성은 근로시간과 복지 수준을 중시합니다. 이러한 데이터를 제시하는 것은 전통적인 성 역할을 옹호하거나 주장하려는 것이 아닙니다. 현재 한국 직장인 역시 이직 시에 중요하게 고려하는 요인으로 뽑았다는 데 필자의 초점이 있습니다.

세대 역시 임금과 안정성이란 고정 요소를 제외하면 25~29세는 진로 설계를, 30~34세는 근로시간을 고려한다는 것은 앞서 데이터에서 살펴본 대로 성장을 중시하고 지속적인 경력 관리를 중시하는 Z세대 특성이 반영된 것으로 해석합니다. 다만 수도권과 비수도권 차이는 실질임금 차이로 해석 가능한데 상대적으로 물가가 높은 수도권(예: 부동산, 생활비 등)에서는 임금의 중요도가 높게 인식되는 반면 비수도권에서는 근로시간, 일과 삶의 균형, 진로 설계를 중시한다고 볼 수 있습니다.

스킬을 얼마나 알아봐주고 키워주는지가 급여보다 더 중요해진다

정리하면 한국 직장인의 이직이 지속해서 증가하고 있고 이직을 새로운 가능성과 기회로 인식함을 알 수 있었습니다. 그리고 이직의 주요 원인은 성별, 연령, 지역에 따라 비율은 다르지만 급여가 가장 높은 우선순위로 나왔습니다. 그러나 앞서 10년간 한국 직장인의 데이터와 알고리즘에 기반해서 분석했을 때 직장 내 만족 및 불만족 요소에서 급여 중요성은 지속해서 하락하고 있습니다. 또한 통계청 자료에서 이직 시 진로 설계가 중요하게 고려되는 점을 보았을 때 앞으로 이직에서 더욱 강조될 부분은 배우고 성장할 기회일 것입니다.

필자가 오랫동안 몸담았고 연구하며 데이터를 다루는 인사 분야에서는 미국 사례를 많이 참고합니다. 이는 경기 변화를 미리 내다보기 위한 선행 지표leading indicator로서 소비자기대지수, 통화공급량 등을 보는 것과 비슷합니다. 미국 기업에서 최근 고민하는 인사(사람과 일) 주제 중 하나가 바로 '스킬에 기반한 조직 운영'입니다. 이후 상세히 다루겠지만 사회와 조직이 요구하는 스킬이 빠르게 변하면서 조직은 구성원이 어떤 스킬을 가졌는지 파악하고 부족한 것은 외부에서 채용하거나 기존 구성원을 스킬업하는 전략 등을 이용한다는 것입니다. 또한 채용 시에 학력을 보지 않고 스킬만을 보고 선발하고 급여를 책정하는 미국 기업도 빠르게 증가하고 있고 이에 미국 직장인에게 스킬을 어떻게 개발하고 관리하는지는 최근 매우 중요한 화두입니다.

필자는 한 가지 가설을 세우고 분석해 보고자 했습니다. 한국의 다국적 기업 중 미국에서도 사업을 하는 곳의 데이터를 보면 "한국 직장인과 미국 직장인의 만족 요인을 직접 비교해서 볼 수 있지 않을까?"라는 질문이 바로 그것입니다. 우선 미국 소셜 네트워크 사이트인 글래스도어에서 한국의 다국적 기업의 미국 직장인이 남긴 만족도 데이터를 모았고 같은 기간에 한국 직장인이 비슷한 성격의 소셜 네트워크에 남긴 만족도 데이터를 확인했습니다. 만족도에 영향을 미치는 요인이 무엇인지 살펴보았을 때 해당 다국적 기업의 한국 직장인의 만족도에 큰 영향을 미치는 요소로 임금이 가장 높게 나왔습니다.

그러나 미국 직장인의 경우 스킬 개발skill development이 만족도에 미치는 영향이 가장 컸습니다. 한국 데이터에서 스킬 개발을 측정하지 않았기 때문에 직접 비교하기는 어렵지만 앞선 여러 데이터 분석을 고려했을 때 회사에 대한 전체 만족도에 스킬 개발이 한국에서 1순위 요인으로 나오기는 어려울 것입니다. 미국은 스킬 중심으로 채용하고 성장하는 풍토가 공고해지면서 직장인 역시 기업에서 관련 스킬을 어떻게 키워줄 수 있는지가 중요한 만족 요인으로 나타남을 알 수 있었습니다. 이를 뒤집어 생각하면 스킬 개발에 불만족할 경우 이직 등의 행동으로 이어질 수도 있다고 추론할 수 있습니다.

미국 사례가 선행 지표로서 한국 기업의 미래를 보여 준다면 아마도 만족과 불만족, 그로 인한 몰입, 이직 등의 결과 역시 유사하게 추론해 볼 수 있습니다. 결국 내가 가진 스킬을 얼마나 알아봐 주고 투자해서 키워 주는지가 미래 한국 직장에서도 중요한 만족도 및 이직 요소가 될 것입니다. 삼성그룹은 인재사관학교로 유명합니다. 삼성 출신은 일하는 '머리'와 '센스'가 뛰어나기 때문에 이력서상에서 삼성은 중요한 의미가 있었습니다. ○○ 출신인 것만으로 능력을 다 확신할 수는 없습니다. 하지만 분명한 것은 내가 가고 싶은 직장은 내가 성장할 수 있는 인재사관학교와 같은 곳일 것입니다.

인재사관학교와 같은 그 회사에서 구성원이 타사로 이직한다면 새로운 구직자와 후보자가 다시 그 회사에 지원할 것입니다. 그렇다면 이직을 단순히 역기능으로만 볼 것이 아니라 새로운 스킬과 생각을 가진 구성원이 들어올 수 있는 순기능으로 볼 수 있을 것입니다. 독자 여러분 중에 커리어와 이직에 대해 생각하신다면 단기간에 연봉을 높일 수 있는 회사보다는 내가 성장할 수 있는 인재사관학교가 어딘지 살펴보는 게 더욱 유리한 전략일 수 있습니다.

기술에 대한 학습과 대비가 더욱 중요해진다

기술 보유가 미래와 기회를 가져다주는 수단이다

기술 발전 역사를 돌이켜보면 우리 삶에 큰 변화가 동반됨을 알 수 있습니다. 1990년에 팀 버너스리Tim Berners-Lee가 소개한 월드 와이드웹www은 우리가 지금 일상적으로 이메일을 쓰고 온라인으로 전 세계 사람들과 소통하게 된 계기가 됐습니다. 2007년 스티브 잡스가 아이폰을 세상에 발표함으로써 우리는 스마트폰으로 세상과 소통하기 시작했습니다. 인터넷이란 가상 공간이 생겨나고 PC와 스마트폰으로 전 세계 사람들과 소통하고 일하게 됐죠.

최근에 글로벌 테크 기업들이 하나같이 공들이고 있는 기술은 공간 컴퓨팅spatial computing입니다. 이는 생활환경 컴퓨팅ambient computing이라고 불리기도 하는데 얼마 전까지는 확장현실extended reality로 불리기도 했죠.[11] 공간 컴퓨팅에서 가장 관심을 받는 제품이 바로 애플이 발표한 비전프로와 메타의 퀘스트 시리즈입니다.

이 밖에도 삼성, 구글, LG 역시 미래 우리 삶에 가장 큰 영향을 미칠 기술이자 기기로서 비전 기술에 관심이 있습니다. 생성형 인공지능의 빠른 발전에 발맞춰 앞으로 우리가 살아갈 세상은 우리 '눈앞'에서 완전히 바뀔 것입니다.

1990년부터 2023년까지 약 30년간 우리가 살아온 방식을 돌이켜보면 기술이 발전하고 그로 인해 일하고 세상과 소통하는 방식이 크게 바뀌었음을 알 수 있습니다. 진 트웬지가 『제너레이션』에서도 강조했듯이 새로운 기술의 등장과 활용은 우리 세계관을 바꿔놓기도 하죠. 그렇다면 직장인이 이야기하는 기술 담론은 어떨까요? 다만 기술이란 용어가 쓰이는 맥락은 매우 다양합니다. 제조업에서 '생산 기술' '발표 기술' 등 다양한 의미로 활용되기 때문에 기술 담론을 이해하려면 데이터 전처리를 하고 주요 주제를 뽑은 후에 그 맥락을 이해하기 위해 문장을 쫓아 들어가서 확인하고 주요 키워드를 도출했습니다. 특히 필자가 코로나19 전과 후로 구분해서 기술 담론을 찾아보고자 한 것은 우리가 모두 경험했듯이 코로나19는 우리 삶에 기술이 더욱 빠른 속도로 들어오는 결정적 계기였기 때문입니다.

코로나19 전에 한국 직장인이 기술을 이야기할 때는 개발, 생산, 발전, 보유, 제조, 역량 등의 단어를 주로 썼습니다. 코로나19 전에는 직장인이 주로 관심 있게 이야기했던 기술은 회사가 생산 및 개발을 위해 보유한 자산으로서 의미가 있었다면 코로나19 후에는 최신, 발전, 경험, 문화, 특별, 기회, 미래라는 표현을 썼습니다. 이러한 단어들과 함께 쓰인 문장을 보면 회사가 얼마나 발전된 기술이나 최신 기술을 가졌는가도 이야기하지만 이제는 개인이 어떻게 기술을 갖고 발전할 수 있는지와 미래를 준비하는 기회로서 기술을 이야기하고 있었습니다. 코로나19 전까지만 하더라도 우리 삶과 직장생활에 기술은 조직에서 활용하는 자산으로서 의미가 컸습니다. 하지만 코로나19 후에는 우리가 갖춰야 할 단위로서 인식하기 시작했고 기술을 보유하는 것이 미래와 기회를 가져다주는 수단으로 인식됨을 알 수 있습니다.

디지털 인공지능 격차는 생존과 직결된 문제다

기술 적용이 늘 긍정적인 것만은 아닙니다. 필자는 1983년부터 2023년까지 기술과 사람technology and employee 관련 연구를 약 7,000건 찾은 후 주요 주제와 논문을 정리하는 연구를 진행했습니다. 논문 중에는 기술이 사람의 성과와 효율성을 높인다는 논문도 있었지만 일과 삶의 경계를 모호하게 해서 스트레스 지수가 높아지고 가정 내 불화를 일으키며 스트레스가 생기는 등 부정적 요인도 많이 다뤄짐을 알 수 있었습니다. 또한 빠른 기술 발전으로 직장인은 큰 불안감을 느끼고 있었습니다.

한국산업안전보건공단에서 2022년 11월 발표한 「기술 진보가 향후 업무에 미치는 영향에 대한 걱정 정도」데이터에 따르면 기술의 진보가 본인 업무에 영향을 미칠 것에 대한 불안감이 있는 사람(약 35%)이 그렇지 않다는 응답자(약 65%)에 비해서 적음을 알 수 있습니다.[12] 기술에 불안감을 느끼는 사람 비율이 생각보다 적어 보이지만 설문 기간이 2020~2021년임을 고려하면 앞서 우리가 이야기했던 생성형 인공지능 등 기술 영향을 받기 전입니다. 그러나 필자가 주목한 부분은 개인 특성별로 불안 정도가 통계적으로 유의한 수준으로 다르다는 것이었는데 우선 교육 수준이 높고 소득이 높을수록 기술이 미칠 영향에 불안감을 느꼈습니다.

생성형 인공지능이 등장하고 가장 큰 영향을 받는 집단은 소위 말하는 고소득 전문직입니다. 여러 연구에서 판사, 의사, 변호사, 회계사 등이 인공지능에 의해 대체될 확률이 높다고 일관되게 주장하고 있고 필자 역시 동의하는 바입니다. 예로 2024년 1월 14일 세계통화기금IMF이 발표한 보고서에 따르면 생성형 인공지능 등장은 전 세계적으로 소득을 높일 수 있는 기술 혁명을 이끌겠지만 동시에 일자리를 대체하고 불평등도 심화할 것이라고 주장하고 있습니다.[13]

특히 전 세계 직업 중 약 40%가 생성형 인공지능의 영향을 받는데 미국, 유럽과 같은 선진 경제권에서는 더 높은 60%의 영향을 받을 것으로 전망합니다. 또한 인공지능으로 생산성이 향상해서 기업 수익성은 증가하지만 노동자 임금은 감소할 수 있음도 우려했습니다. 기존 연구와 다르게 IMF는 인공지능이 주는 이점보다는 디지털 인공지능 격차가 가져올 불평등 문제에 집중했다는 것입니다. 결국 인공지능 역시 교육 수준이 높고 소득 수준이 높은 사람에게 활용 역량을 더욱 높일 기회가 많을 것이기 때문입니다.

앞서 우리가 살펴본 대로 교육과 소득 수준이 높은 사람이 기술이 직업에 미칠 영향에 불안감을 느끼는 것은 어찌 보면 실질적으로 기술이 주는 효용과 영향력을 체감했기 때문일 것입니다. 정리하면 한국 직장인은 개인 차원에서 기술이 주는 기회와 가능성을 인지하고 있고 동시에 어떻게 역량을 향상할 수 있을지에 관심을 쏟고 있습니다. 앞으로 기술이 우리 삶에 미칠 영향이 더 커질 것은 자명합니다. 그러므로 앞서 IMF 보고서가 이야기했듯이 개인과 조직 모두 인공지능이 가져올 불평등에 대비하기 위해서라도 기술에 관심을 꾸준히 두고 학습을 지속해서 디지털 인공지능 격차 등을 미리 대비해야 할 것입니다. 이는 성장보다는 생존과 직결된 문제이므로 더욱 절박하게 바라봐야 할 것입니다.

조직문화가 능력 중심의 수평적 구조로 바뀌고 있다

변화가 삶 전반에 들어왔음을 모두 체감하고 있다

언어는 우리 생각을 담는 도구입니다. 대규모언어모델이 등장한 이후 언어가 갖는 기능에 큰 관심을 쏟고 있는데 우리가 쓰는 어휘에 따라 성격, 가치, 사고 등이 드러납니다. 가령 성격 진단을 받는다고 하면 기본 원리는 진단 문항 속에 표현된 어휘를 통해 내가 가진 성격을 추론하는 방식입니다. 우리가 의식적으로 혹은 무의식적으로 쓰는 어휘는 나를 타인에게 보여 주는 중요한 상징물입니다. 필자는 특히 감정 표현을 위한 어휘에 신경을 쓰는 편인데 누군가에게 최고의 경의와 감사를 표현할 때는 '존경'을, 정말로 좋아할 때는 '사랑'을 씁니다. 그렇기에 존경과 사랑이란 표현은 쓰는 대상과 상황이 정해져 있고 아끼고 아껴 씁니다. 그래야 필자의 진심이 온전히 상대방에게 느껴질 수 있기 때문입니다.

오랫동안 직장인에게 '존경'을 받고 긍정적 영향을 미친 고 구본형 소장은 "우리는 어제보다 아름다워지려는 사람을 돕습니다."라는 목적을 이루기 위해 오랫동안 강연을 하고 글을 썼습니다. 평범한 직장인이었던 그는 우연히 회사 업무로 조직의 변화를 진단하고 실행하는 일을 했는데 이후 개인의 변화에도 관심을 가지고 들여다보게 됐다고 합니다. 그리고 2013년 세상을 떠나기 전까지 변화경영사상가로 활동하면서 집필한 『익숙한 것과의 결별』『낯선 곳에서의 아침』『그대, 스스로를 고용하라』등은 직장인의 변화를 위한 필독서로 큰 공감을 샀습니다. 고 구본형 소장은 한 개인이 평범한 삶에서 자신만의 세계를 창조하는 변화 여정을 살아가야 한다고 강조했습니다. 이렇듯 변화를 어떻게 바라보는지는 삶을 대하는 태도에 큰 영향을 미칩니다.

필자는 한국 직장인이 변화를 어떻게 바라보는지를 알아보기 위해 변화 관련 데이터를 살펴봤습니다. 특히 직장과 개인 삶에 큰 변화를 일으킨 코로나19 이후 관념이 어떻게 변했는지 궁금했습니다. 전에 한국 직장인이 변화를 표현할 때는 노력, 시도, 추구, 두렵다, 싫은, 안정과 같은 단어가 주로 나왔습니다. 조직이든 개인이든 변화는 관성에 반대되는 행동이므로 불편하고 어려운 일입니다. 특히 한 조직에 속한 개인은 수행하는 일과 문화 등이 안정적이기 때문에 변화는 많은 에너지와 시간을 소모하는 활동입니다.

경영 컨설팅 회사인 CEB에 따르면 전 세계 최고인사담당자와 직원 약 6,700명에게 문의한 결과 조직 변화 성공률은 34%에 불과했습니다.[14] 조직 변화에 실패하는 주요 원인으로 하향식top down 접근을 들었습니다. 조직은 새로운 목표를 설정하거나 일하는 방식을 수립하고 빠르게 실행되기를 기대하지만 한국 직장인이 BC에서 보여 주었듯이 변화는 안정적이고 보수적인 곳에서 새로움을 시도해야 하므로 두렵고 싫은 활동으로 인식됩니다.

그러나 코로나19와 생성형 인공지능의 등장은 변화에 대한 우리 인식을 바꿨습니다. 코로나19를 겪으면서 오랫동안 우리에게 익숙했던 사무실 근무, 회식, 잦은 해외 출장 등의 방식과 관념이 바뀌면서 변화가 우리 조직 생활에서 상수로 체감되게 다가온 것입니다. 실제로 데이터를 살펴보면 코로나19 후에도 노력, 시도 등의 단어가 나오지만 전과는 다르게 의지, 긍정, 민감, 방향, 환경 등의 단어가 자주 출현함을 알 수 있습니다. 특히 의지, 긍정, 민감 등의 어휘는 코로나19 전에 주로 나온 보수, 안정과는 다르게 변화에 적응해야 할 대상으로 인식하고 바라봄을 알 수 있습니다. 고 구본형 소장이 강조했듯이 변화가 우리 삶 전반에 들어왔음을 우리 모두 체감하게 된 것이고 적응해야 할 대상임을 알게 된 것입니다. 물론 모든 변화가 긍정적인 것은 아니지만 지금과 같은 빠른 전환 시기에 변화하지 않으면 생존이 어렵다는 것은 모두가 공감할 것입니다.

그럼에도 조직에서 가장 변하기 어려운 것은 무엇일까요? 독자 여러분은 공감하시겠지만 조직문화가 가장 바뀌기 어려운 변화 대상일 것입니다.

언어 사용에서 수직적 조직문화의 변화 징조가 보여진다

한국 직장인에게 변화가 거부 대상에서 적응 활동으로 관념이 변했다면 여러 직장인이 모여 만드는 조직문화 역시 변화에 긍정적일까요? 앞에서 조직문화에 대해 많이 다뤘기 때문에 이번에는 한국 직장인이 조직문화를 코로나19 전과 후에 어떻게 다르게 인식하고 있는지를 살펴보고 변화-조직문화와 관련 있는 꼰대 문화를 이야기하고자 합니다.

우선 코로나19 전에 한국 직장인은 (조직)문화를 주로 군대, 보수, 수직, 회식, 강하다 등의 단어와 함께 썼습니다. 이는 한국의 전통적 조직문화로서 수직 및 보수적 특성이 반영됐음을 알 수 있습니다. 그러나 코로나19 후에는 수평, 보고, 개선, 자유, 존중, 꼰대 등의 단어가 빠르게 증가했습니다. 특히 수직, 보수의 비율은 줄어들고 개선, 자유, 존중, 꼰대 등이 조직문화를 이야기하면서 많이 나왔습니다.

앞선 텍스트 분석 결과에서 본 것처럼 단점으로 수직 및 보수적 문화가 한국 기업에 주로 등장함을 알 수 있었고 시간이 지남에 따라서 비율이 줄어듦을 알 수 있습니다. 실질적으로 조직문화에서 변화와 개선을 체감하는 어휘는 코로나19 후에 나옵니다. 바로 '꼰대'입니다. 2019년 이코노미스트The Economist는 한국어로 꼰대는 "거들먹거리는 나이 든 사람condescending old person"을 뜻한다고 소개했고, BBC는 워크라이프Worklife를 통해 한국에서 꼰대는 "잘난 척하고 거들먹거리는 늙은 사람들"을 지칭한다고 설명했습니다.[15] 아마 독자분들도 꼰대라는 단어를 떠올리시면 "라떼는" "선배로서 말해 주는 거야." 등이 떠오를 것입니다.

꼰대는 조직 내에서 능력 없이 고인물이 된 사람을 의미한다

김성준 연구팀에 따르면 꼰대란 표현은 2017년을 기점으로 한국에서 큰 관심을 받기 시작했고 '밀레니얼'이란 표현과 대칭해서 쓰임을 알 수 있습니다.[16] 이 연구에 따르면 그림 「꼰대의 의미 네트워크」처럼 꼰대를 표현할 때 상사, 윗사람이란 위계구조상 역할자를 지칭하기도 했지만 '마인드' '고인물' '능력 없는' '젊은'이란 단어를 함께 쓰고 있음을 알 수 있습니다. 필자가 주목한 부분은 '고인물' '능력 없는' '젊은' 등의 표현입니다. 이렇게 단순히 꼰대가 외신에서 보도하는 것과 달리 사회 위계구조상 윗사람을 이야기하는 게 아니라 '한 조직 내 능력 없이 고인물'이란 특성을 강조하는 것이 흥미롭습니다.

또한 이 논문은 꼰대가 많이 언급되는 회사일수록 조직문화에 덜 만족한다는 것 역시 통계적으로 밝혔습니다. 이처럼 현대 한국 조직문화를 이야기할 때 빼놓을 수 없는 특성인 꼰대는 우리의 통념과는 다르게 고인물과 능력 없음이란 개인 속성을 함께 뜻하고 있고 이런 꼰대가 많은 조직은 구성원의 만족도가 떨어졌습니다.

실제로 국내 여러 기업에서 필자와 함께 조직문화를 데이터로 함께 들여다보고 변화를 위한 고민을 하고 있습니다. 산업 전환을 빠르게 이뤄낸 한 회사도 꼰대 문화가 큰 고민인 실정입니다. 예를 들면 한국을 대표하는 A사는 새로운 경영자 부임과 빠르게 성장하는 산업 모델로 인해 역동적인 조직문화를 지향하는데도 내·외부 데이터를 보면 대부분 직원이 회사에 관해 이야기할 때 '눈치' '정년' '꼰대'란 표현을 가장 많이 쓰는 것을 알 수 있었습니다. 특히

꼰대의 의미 네트워크[17]

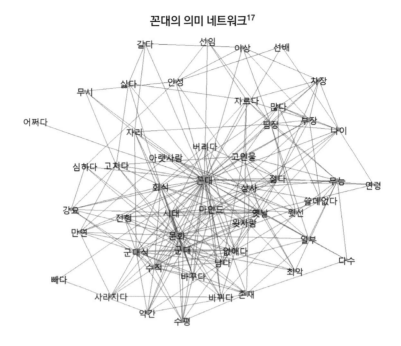

MZ세대인 젊은 구성원과 외부 경력직 퇴사율이 눈에 띄게 높은데 이들의 주요한 퇴사 원인이 꼰대 문화에 기인한 바가 큽니다. 진저티 프로젝트의 Z세대 탐구 보고서 「Z세대의 대두The arrival of gen z」는 Z세대의 중요한 특징 중 하나로 '배우고자 하는 열망eager to learn'을 제시합니다.[18] Z세대로 표방되는 젊은 구성원은 조직문화와 상사에게서 배울 수 있기를 기대하기 때문에 고인물이고 능력 없는 선배들이 있는 조직이라면 퇴직은 자연스러운 결과입니다. 그러므로 AC에 한국 조직문화에서 가장 눈여겨 살펴봐야 할 특징은 꼰대이며 꼰대 문화는 조직 내 구성원이 능력도 없이 고인물로서 기능할 때 인식되는 행동 결과임을 잊지 말아야 합니다.

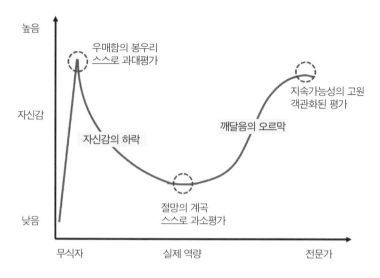

더닝-크루거 효과[19]

- 높음
- 자신감
- 낮음

우매함의 봉우리
스스로 과대평가

지속가능성의 고원
객관화된 평가

자신감의 하락

깨달음의 오르막

절망의 계곡
스스로 과소평가

무식자　　　실제 역량　　　전문가

심리학자 데이비드 더닝David Dunning과 저스틴 크루거Justin Kru-ger는 많은 상황에서 무언가를 할 수 없는 사람이 자기가 그 무언가를 할 수 없다는 사실을 모른다는 것을 발견하고 '더닝-크루거 효과'를 발표합니다. 즉 사람이 가장 큰 자신감으로 충만해 있을 때는 해당 분야에 숙련도(기량, 솜씨, 능력)가 부족할 때라는 것입니다. 애덤 그랜트는 저서 『싱크 어게인』에서 더닝-크루거 효과를 겪는 사람을 알아보기 위한 첫 번째 규칙은 자기가 더닝-크루거 클럽의 회원임을 전혀 인지하지 못한다는 것이라고 이야기합니다.

꼰대 역시 마찬가지라고 생각합니다. 필자를 포함한 많은 한국 직장인이 앞서 설명한 '고인물이자 능력 없는'이란 꼰대 특성을 보고 다른 누군가를 먼저 떠올립니다. 그러나 정작 "내가 꼰대는 아닐까?"라는 '싱크 어게인'을 하기는 쉽지 않습니다. 앞으로 직장인으로서 지속해서 성취와 성장을 이루기 위해서는 꼰대 조직문화를 주목하면서도 스스로 '꼰대: 더닝-크루거 효과'를 고려할 필요가 있을 것입니다.

6.

공간이 어떤 경험을 선사해주는지가
중요해진다

공간의 물리적 넓이가 아니라 공간이 주는 느낌이 중요해진다

시간의 양도 중요하지만 질적으로 어떤 경험과 공간에 있었는지도 매우 중요하다고 생각합니다. 필자는 최근 연구에서 해외법인 경영자가 시간과 공간 측면에서 어떤 경험을 했고 그 조합이 어떠해야 성과가 높을 것인가를 입증했습니다. 한국 다국적 기업의 해외법인 경영자는 현지인이면서 조직 성과에 직접적으로 기여하는 직무output function(예: 영업, 마케팅, 연구개발 등)를 일정 기간 경험했고 해외 근무 경험이 5.5년 이상인 경우에 성과가 가장 높았다는 점을 알 수 있었습니다. 어떤 해외법인 경영자가 높은 성과를 내는지를 설명하기 위해서 경영자가 태어나고 살아온 공간이 어떠했는지, 어떤 직무를 경험했는지, 해외에서 얼마나 많은 시간을 보냈는지 등이 중요함을 의미합니다.

이처럼 리더 혹은 구성원을 이해하기 위해서는 여러 요소에 관심을 가질 필요가 있습니다. 이번에는 공간에 대한 인식이 어떻게 바뀌고 있는지를 코로나19 전과 후로 구분해서 살펴보겠습니다. 우선 한국 직장인의 공간에 관한 담론에서 전에는 휴식, 휴게, 사무실이란 물리적 공간을 뜻하는 단어와 함께 넓다, 좁다, 부족하다는 표현이 많이 등장했습니다. 즉 공간이 충분하거나 부족하거나 넓거나 좁다는 인식이 가장 컸죠.

그러나 코로나19 후에는 동일하게 휴식, 휴게, 사무실이라는 공간에 대해서 편하다, 쾌적, 불편, 긍정, 효율 등의 표현이 주로 함께 나왔습니다. 코로나19 전에는 공간이 단순히 물리적 공간으로 표현됐는데 후에는 경험적 공간으로 표현됨을 알 수 있습니다. 신한카드 빅데이터연구소에서 펴낸 『넥스트 밸류』에서 이런 현상을 "평당미터보다 매력미터"라고 표현했는데 필자가 분석한 현상을 잘 드러낸 표현이라고 생각합니다. 구성원이 공간에 대해 인식할 때 과거에는 단순히 넓다와 좁다 등에 관심 있었다면 이제는 그 공간 속에서 느끼는 경험과 감정이 더욱 중요하다는 것입니다.

이는 구성원이 어떤 경험을 하는지를 고민할 때 공간이 중요함을 뜻합니다. 제레미 마이어슨과 필립 로스의 저서 『일과 공간의 재창조』는 직장인이 일을 하면서 맺어온 공간과 관계에 대해서 역사적으로 잘 정리했습니다. 가령 우리에게 잘 알려진 메이요Mayo의 실험은 노동자들이 어떤 환경에서 생산성이 더 높은지 관심을 끌게 된 계기가 됐고 이후 여러 연구와 조직에서 구성원이 근무하는 환경으로서 공간이 중요해졌죠. 필자는 2022년 긍정적 경험을 하게 하는 공간이 어떤 특성을 갖는지 알기 위해서 글래스도어에 있는 기업의 장점과 단점에 관한 텍스트 데이터에서 '공간space'과 함께 쓰이는 표현이 무엇인지 살펴본 적이 있습니다. 긍정적 경험은 자율, 소통 등의 단어가 많이 나온 반면 부정적 경험은 접근성 부족, 단절 등이 나왔습니다. 이처럼 어떤 공간에 있는지에 따라 그 경험 역시 달라지고 이런 경험은 구성원의 생산성과도 연계됨을 알 수 있었습니다.

공간의 의미가 바뀌는 것을 넘어 확장되고 있다

앞으로 공간에 대한 인식의 변화는 더욱 두드러지게 나타날 것입니다. 첫째, 재택근무에서 사무실 근무로 전환되는 시기이지만 여전히 여러 조직에서는 직군 혹은 특성에 따라 거점 근무, 하이브리드 근무 등 다양한 근무 형태를 유지할 것이기 때문입니다. 그렇다면 한 조직에서 근무하는 구성원의 공간적 경험이 다른데 이들의 협업과 생산성을 어떻게 유지할 것인지가 중요한 과제입니다.

둘째, 기술의 발전은 공간 경험을 크게 바꿀 것입니다. 애플유니버시티, 세일즈포스 사옥을 보면 공통으로 물리적 공간과 디지털 요소 간 결합에 큰 관심을 쏟는 것을 알 수 있습니다. 안전하고 효과적으로 구성원을 사무실 근무로 전환하기 위해서 경쟁적이고 매력적인 공간으로 사무실을 바꾸는 데 있어 디지털이 중요한 요소가 되고 있습니다. 가령 세일즈포스는 사무실 입구에서 출근할 때 숲속으로 들어가는 장면을 연출하고 점심시간에는 휴식에 대한 다른 공간을 보여주기도 합니다(그림 「디지털과 물리적 공간의 만남」). 사무실에는 다양한 기술을 도입해서 편리성을 높였습니다. 이처럼

디지털과 물리적 공간의 만남

디지털 기술은 구성원이 경험하는 공간을 질적으로 바꾸기 시작했습니다. 이로써 구성원의 호기심을 자극하고 소속감과 심리적 편안함을 높일 수 있습니다.[20]

더 나아가 생성형 인공지능이 본격적으로 사무실에 도입될 것입니다. 2024 국제가전전시회CES를 통해 정말로 다양한 형태의 생성형 인공지능이 공간과 일하는 방식에 녹아 들어간 것을 확인할 수 있습니다. 그중에서도 공간 컴퓨팅으로 대변되는 가상현실VR, 증강현실AR 기술과 인공지능의 결합이 눈에 뜁니다. 데이비드 로즈는 저서 『슈퍼사이트』에서 앞으로 우리가 경험하게 될 공간이 공간 컴퓨팅으로 확장되면 일하는 방식 등이 획기적으로 바뀌게 될 것이라고 주장합니다.

필자가 가장 주의 깊게 보는 변화는 바로 인공지능과 협업해서 일하게 될 공간은 사무실 공간보다는 공간 컴퓨팅이 더욱 효과적이란 것입니다. 이는 앞서 이야기한 대로 2024년이 공간의 의미가 바뀌는 것을 넘어 공간이 확장되는 원년이 될 수 있다는 것을 의미합니다. 잠시 읽던 책을 내려놓고 주의를 둘러봅시다. 독자 여러분은 어떤 공간에 있고 어떤 감정을 느끼고 경험하고 있나요? 그 답은 여러분의 직장생활과 조직과 리더에게 더욱 중요한 내용으로 관심받게 될 것입니다.

5장

미래의 일하는 방식은
어떻게 바뀔 것인가

1.

인력 계획을 할 때 어떤 요소들을
고려해야 하는가

데이터는 우리가 통상적으로 갖고 있는 믿음을 반증한다

"일을 적게 할수록 구성원의 만족도가 올라갈까요?"

답이 명확해 보이는 이 질문에 마틴 슈뢰더는 저서 『만족한다는 착각』에서 데이터에 기반한 다른 답을 내놓습니다. 이 책은 1984년부터 독일인 8만 5,000명을 대상으로 한 시계열 데이터를 바탕으로 우리가 언제 만족하는지에 대한 답을 내놓았습니다. 그중에서 기혼 남성 근로자는 근로시간이 증가할수록 만족감이 올라간다는 결과가 있습니다. 이는 일을 적게 할수록 만족감이 올라갈 것이라는 우리의 믿음을 데이터로 보기 좋게 깬 사례입니다. 이처럼 종종 데이터는 통상적으로 우리가 갖고 있는 믿음을 반증합니다.

필자 역시 최근까지 일본 근로자들은 평생직장과 종신고용이란 개념을 굳건하게 믿는다고 생각했습니다. 그런데 최근 데이터와 사례에 따르면 이 역시 변하고 있습니다. 닛케이신문은 2023년 6월

20일 자 기사에서 45~64세 중장년층에서 이직을 희망하는 숫자가 2018년 대비 30% 증가했다고 보도합니다.[1] 여러 이유가 있는데 그중 일본 역시 저출산 고령화로 인해서 청년층 인력을 잡기 위해 기업들이 앞다퉈 임금을 올리자 장기근속의 매력이 떨어졌기 때문입니다. 비교적 안정적인 노동시장으로 꼽히던 일본 역시 이동 mobility이 급속하게 증가하면서 조직들도 여러 고민을 하고 있다고 합니다.

인력 계획은 다양한 요소를 고려해 조직적으로 준비해야 한다

노동시장이 얼마나 안정적인가는 인사의 첫 단추인 인력 계획과 관련성이 높습니다. 가령 노동시장에서 수요와 공급이 안정적이라면 인력 계획 역시 일정 패턴에 따라서 수행하면 됩니다. 과거 한국 기업은 채용 시 작년 대비 매출 증가율을 고려해 필요한 인력을 뽑고 정년 등 조직 내 자연 퇴직률과 반기별, 대학교의 전공별 졸업 학생 숫자를 계산해서 비교적 정확하게 인력 계획을 세울 수 있었습니다. 그러나 시대가 완전히 바뀌었죠. 우선 과거와 같은 선형적 성장을 기대하지 못하는 상황이고 퇴직을 포함한 조직 내 이동이 매우 빈번하게 다양한 형태로 발생하고 있습니다. 비즈니스가 빠르게 변화하면서 요구되는 인력 특성도 바뀌고 있습니다. 즉 미래에 조직, 직무, 과업에 얼마나 많은 인력이 필요한지 수요를 추정하고 이에 맞는 공급을 고민해야 하는데 모든 수가 빠르게 변하고 있습니다.

인력 계획은 기업의 전략 실현을 위해 필요한 인력을 선행적으로 양과 질로 결정하는 활동을 의미합니다.[2] 과거에는 공개 채용 중심 인력 계획하에 대규모로 채용해서 인력을 채워나가는 시스템을 택했죠. 그러나 디지털 전환으로 대변되는 변화로 인해서 2020년 초반에 데이터 과학자, 인공지능 개발자 등의 디지털 전환 관련 직군 수요가 폭발적으로 증가했는데 이를 적절히 예측하거나 대응하지 못했습니다. 이에 부랴부랴 정부와 기업들이 관련 인력을 채용하거나 육성하면서 부족한 인력을 공급했습니다. 공교롭게도 2023년 글로벌 빅테크 기업들이 대규모 감원을 했고 현재까지도 채용이 동결된 상황입니다. 이는 인력 계획에서 고려해야 할 요소가 매우 복잡다단해졌음을 뜻합니다. 따라서 우리는 다양한 요소를 고려해서 인력 계획을 고민하고 조직적으로 준비해야 합니다.

앞으로 인력 계획을 하기 위해서는 여러 요소를 고민해야 합니다. 첫 번째로 고려할 요소는 바로 기술 발전입니다. 챗GPT를 포함한 생성형 인공지능이 얼마나 많은 직무와 직업을 대체하는지는 여러 가지 연구를 통해서 살펴봤습니다. 2024년 1월 7일 인터내셔널 데이터 코퍼레이션IDC이 발표한 자료에 따르면 아시아, 태평양 지역의 최고마케팅책임자CMO들은 2027년까지 기업의 마케팅 업무 중 약 30%를 생성형 인공지능이 대체할 것으로 내다봤습니다.[3] 마케팅 직군에서 주로 하는 검색엔진 최적화, 콘텐츠 최적화, 고객 데이터 분석, 시장 세분화, 초개인화 마케팅 등은 생성형 인공지능이 더 잘하기 때문입니다. 이런 흐름에 이미 37% 기업에서는 적극적으로 관련 기술을 활용하고 있다고 응답했습니다.

그렇다면 마케팅 직군의 인력 계획에 있어 생성형 인공지능은 공급 측면에서 매우 중요하게 고려할 요소가 되는 것입니다. 이 외 다양한 연구를 보더라도 직군별로 생성형 인공지능과 같은 기술로 인해서 효율화되거나 사라질 영역이 일관되게 보고되고 있습니다. 과거 알파고 대국 이후 전망됐던 직업의 미래에 관한 보고서들과는 다르게 현재 일자리와 직업에 대한 대체 방향성은 비슷한 결과가 많아 인력 계획 측면에서는 유리하지만 인사를 하는 입장에서는 그 영향력이 확실하다는 관점에서 우려도 큽니다.

두 번째로 고려할 요소는 인구 측면입니다. 출산율 저하는 이미 공급 측면에서 정해진 미래이자 상수이므로 인력 계획 관점에서는 특별히 고려할 요소는 아닙니다. 대신 공급 측면에서 우리가 눈여겨봐야 할 것이 바로 여성의 경제 참여율 변화입니다. 2020년 한국의 경력단절여성은 150만 6,000명으로 2015년 대비 56만 7,000명가량 감소했습니다.[4] 그리고 15~54세 기혼여성 중 경력단절여성 비율 역시 17.6%로 5년 전보다 4.4% 감소했습니다. 여성의 경제 참여율이 증가했다는 것은 공급이 증가한다는 점에서 긍정적으로 고려할 요소입니다.

세 번째로 고려할 요소는 산업 전환과 이에 따라 요구되는 스킬의 변화입니다. 인력 계획은 양적 혹은 질적으로 조직에 필요한 인력을 선제적으로 준비하는 활동이므로 3~5년 후 조직에 필요한 인력은 비즈니스에 대한 이해로부터 시작돼야 합니다. 이는 스킬갭skill-gap으로 대변되는 현상과 데이터를 보면 명징하게 드러납니다. 세계경제포럼WEF이 발표한 「2023년 미래 직업 보고서The Future of Jobs Report 2023」에서 향후 5년간(2023~2027) 빠르게 성장할 스킬을 여섯 가지 영역(Cognitive, Engagement, Technology, Physical, Management, Self-efficacy & Working with others)으로 제안했는데 문제해결을 위해 필수적으로 요구되는 인지 스킬(cognitive skills: electronics, chemical & advanced materials 등)이 중요하게 대두됐으나 이에 대한 준비도는 상대적으로 부족하게 평가됐습니다.[5] 이처럼 인력 계획을 위해서는 비즈니스와 환경 변화에 따라 요구되는 스킬도 고려해야 합니다.

데이터나 알고리즘 외에 여러 이론, 사례, 경험도 활용해야 한다

그렇다면 구체적으로 어떻게 데이터 관점에서 인력 계획을 수립할 수 있을까요? 우선 전문가 토론을 통한 시나리오 기법이 있는데 대표적인 것으로 바로 오즈번과 프레이가 활용한 사례가 있습니다.[6] 이들은 미국 내 직무 702개가 10년 후인 2027년 컴퓨터에 의해서 대체될 확률을 옥스퍼드대학교의 컴퓨터공학 전공 동료와 토론하여 확률로 계산했습니다. 구체적으로 설명하면 컴퓨터가 인간 직무를 대체하기 어려운 장애요인bottleneck을 세 가지(감지 및 조작, 창의적 지능, 사회적 지능)로 정의하고 토론한 후 확률을 계산했습니다. 그다음 이를 미국의 직업 정보망인 오넷o*NET에서 제공하는 직무 특성 변수를 활용해서 매칭했습니다. 그리고 컴퓨터가 완전하게 대체 가능한 직무를 1, 불가능한 직무를 0으로 구분하고 로지스틱 회귀분석 알고리즘을 통해 대체 확률을 예측하는 방법을 썼습니다.

2023년 11월 16일 한국은행이 발표한 「인공지능과 노동시

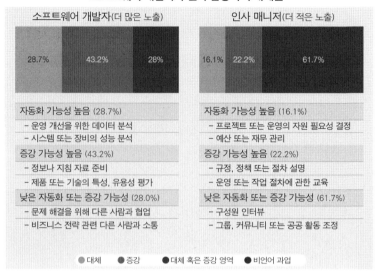

소프트웨어 개발자와 인사 담당자의 대체율[7]

소프트웨어 개발자(더 많은 노출)			인사 매니저(더 적은 노출)		
28.7%	43.2%	28%	16.1%	22.2%	61.7%

자동화 가능성 높음 (28.7%)	**자동화 가능성 높음 (16.1%)**
- 운영 개선을 위한 데이터 분석	- 프로젝트 또는 운영의 자원 필요성 결정
- 시스템 또는 장비의 성능 분석	- 예산 또는 재무 관리
증강 가능성 높음 (43.2%)	**증강 가능성 높음 (22.2%)**
- 정보나 지침 자료 준비	- 규정, 정책 또는 절차 설명
- 제품 또는 기술의 특성, 유용성 평가	- 운영 또는 작업 절차에 관한 교육
낮은 자동화 또는 증강 가능성 (28.0%)	**낮은 자동화 또는 증강 가능성 (61.7%)**
- 문제 해결을 위해 다른 사람과 협업	- 구성원 인터뷰
- 비즈니스 전략 관련 다른 사람과 소통	- 그룹, 커뮤니티 또는 공공 활동 조정

● 대체   ● 증강   ● 대체 혹은 증강 영역   ● 비언어 과업

장 변화」 보고서 역시 직업별로 인공지능에 노출될 확률을 웨브 Webb(2020) 연구를 인용하여 제시했습니다.[8] 인공지능노출지수는 현재 인공지능 기술로 수행 가능한 과업task이 얼마나 해당 직업에 집중되어 있는지를 표현한 것입니다. 즉 하나의 직업 혹은 직무는 여러 가지 과업으로 구성되어 있는데 그 과업들이 얼마나 많이 인 공지능에 노출됐는지를 계산하는 방식입니다. 한국은행은 인공지 능뿐만 아니라 로봇과 소프트웨어에 대한 노출지수를 함께 산출했 습니다. 그 결과를 짧게 요약하면 필자가 자주 이야기하는 직업 피 라미드 상단에 있는 고소득·고학력 근로자가 대체될 확률이 높게 나타났습니다.

다음으로 고려해 볼 수 있는 방법론은 2023년 세계경제포럼에서 발표한 「대규모언어모델과 직업의 미래」를 활용하는 것입니다. 이 보고서는 대규모언어모델이 직무에 미칠 영향을 분석했는데 미국 노동통계국에서 제공하는 1만 9,000여 개의 직무 분류를 활용했고 직무별로 얼마나 많은 시간을 할애하는지도 데이터로 활용했습니다. 가령 인사 담당자는 소프트웨어 개발자에 비해 대규모언어모델로 대체될 확률이 비교적 적은 직무로 제시됐습니다(그림 「소프트웨어 개발자와 인사 담당자의 대체율」). 대체 확률 계산 원리는 직무를 수행하는 데 구성원 과업이 대규모언어모델로 얼마나 대체될 수 있는지를 구한 것입니다. 구체적으로 대체automation − 증강augmentation − 낮은 자동화 혹은 증강 가능성lower potential for automation or augmentation − 비언어 관련 업무Non-langugage task로 구분해서 각 과업의 특성을 비교해 봤습니다.

실제로 이를 적용해 볼 독자분을 위해 요약하자면 (1) 직무 분류가 필요하고(한국의 경우 한국표준직업분류KSCO를 활용하거나 조직 내 직무 분류 및 기술서 활용),[9] (2) 언어모델의 노출 정도를 사람과 GPT4가 분류합니다. 언어 관련 직무의 경우는 (a) 인간과의 상호작용 필요 정도 (b) 비일상 및 비정형 작업 정도 (c) 법, 윤리 또는 사회적 관습에 의해 강제적으로 인간이 개입되어야 하는 요소로 볼 수 있습니다. 사람과 기계가 모두 비언어 작업이라고 분류하면 이는 이견 없이 비언어적인 것으로 간주하고 한쪽이라도 언어를 기반으로 태그했다면 이는 0점(대체), 1~2점(증강), 3~6점(낮은 확률)으로 분류합니다.

이외에 직무나 작업별 생산성 비율을 바탕으로 예측 모델링을

작업별 분류 프롬프팅 예시

직업 태깅 개요

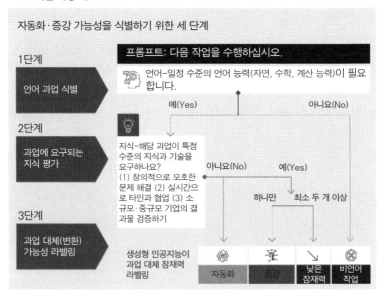

하는 방법 등이 있습니다. 그러나 필자는 인력 계획은 정교한 예측이 아니라 패턴을 찾고 지속해서 고민하고 유연하게 대응하려는 노력이라고 생각합니다. 데이터나 알고리즘을 통해 정교한 예측이 가능했다면 이미 이 분야에 정통한 전문가들은 주식이나 부동산 등을 예측해서 관련 업이 아니라 다른 일을 하고 있지 않을까요? 데이터나 알고리즘은 미래를 예측하지 못합니다. 그러므로 독자분들이 개인과 조직에서 직업의 미래를 내다보기 위해서는 앞서 필자가 소개한 여러 이론, 사례, 그리고 경험이 더욱 중요할 것입니다.

2.

직장인의 경험을 회사가 어떻게 설계해줄 것인가

일, 관계, 제도, 문화 등 다방면에서 직원 경험을 고려해야 한다

우리 삶은 경험의 연속이라고도 할 수 있습니다. 오늘 아침 일어나 마셨던 향긋한 커피 향과 맛, 출퇴근길에 읽은 책에서 얻은 지식과 배움, 사무실 동료와 대화하며 느꼈던 재미, 일하면서 느낀 부담과 스트레스, 휴게실에서 잠시 쉬며 바깥 풍경을 바라본 순간 등 매일매일 비슷하면서도 다른 경험을 하면서 삽니다. 이렇게 보면 경험이란 단어는 매우 다양한 측면을 담고 있는 표현입니다. 인식, 인지, 감정의 총합이라고 볼 수 있죠. 케임브리지사전 Cambridge Dictionary에 따르면 경험experience은 '무엇인가를 하고 보고 느끼면서 지식이나 기술을 얻는 과정the process of getting knowledge or skill from doing, seeing, or feeling things'으로 정의됩니다.

이 같은 경험을 구체적으로 생각해 보면 우리는 주변 환경을 시각, 청각, 후각, 촉각을 통해 인식하는데 새로 인식된 내용이 익숙한 것이라면 우리 몸과 뇌는 별도의 에너지로 집중하지 않을 것입니다. 가령 매일 걷는 출퇴근길에서 눈에 들어오는 간판이나 정보를 우리는 새롭게 인지하거나 느끼지 않습니다. 그러나 새로운 정보가 인식됐을 때 우리 몸과 뇌는 이를 받아들이기 위해 기억을 활용해서 기존 정보와 비교하고 연결하고 학습하여 새로운 경험 체계를 구성합니다. 동시에 새로운 경험이 주는 기쁨, 슬픔, 불안 등의 감정emotion이 남습니다. 감정은 경험을 평가하고 의미를 부여하는 데 중요한 역할을 합니다.

이처럼 경험은 여러 과정과 결과와 관련되어 있는데도 그동안 조직과 리더는 충분히 이를 고려하지 못했습니다. 1964년 게리 베커Gary Becker는 인적자본Human Capital이란 개념과 관련 논문을 세상에 내놓았고 1992년 노벨 경제학상을 수상했습니다. 인적자본은 개인이 교육, 훈련, 경험, 기술 향상을 통해 축적한 노동생산성을 뜻합니다. 인적자본은 개인이 미래에 일을 더 효과적이고 효율적으로 수행해서 높은 수익을 얻을 수 있도록 합니다. 베커의 인적자본 개념의 중요한 초점은 바로 교육, 훈련, 경험이 근로자의 인적자본을 향상하는 중요한 통로이며 이를 통해 미래에 더 높은 생산성과 수익을 창출한다는 것입니다. 즉 교육과 훈련이라는 투자는 개인뿐만 아니라 조직에 장기적인 수익을 가져온다는 것입니다.

이런 베커의 인적자본 개념 덕분에 본격적으로 기업은 구성원에게 교육과 훈련을 포함한 다양한 경험에 투자하게 됐습니다. 더불어 조직이 경력직으로 개인을 채용하거나 함께 일할 때 경험이 많을수록 성과가 높을 것이라 기대합니다. 그러나 우리는 이미 선행

연구(Hanh & Kim, 2022)와 경험으로 늘 그렇지 않다는 것을 알고 있습니다.[10]

회사에서 보내는 시간을 어떻게 인식하고 쓰는지가 중요하다

조직에서 경험이 더욱 효과적으로 되기 위해서는 인식-인지-감정이라는 세 가지 과정을 감안해야 합니다. 가령 한 조직에서 구성원을 관리할 때 우리는 업적과 역량에 근거해서 개인의 성과를 살펴봅니다. 본인에게 주어진 목표를 얼마큼 잘 달성했는지를 나타내는 업적(예: 영업직의 경우 판매량)과 목표 달성을 수행하는 데 개인이 갖고 있는 능력(예: 문제해결력 등)이 바로 그것입니다. 오랫동안 우리는 조직에서 특정 기간에 한 일과 그 성과로 평가를 받았습니다. 예를 들면 '윤명훈은 IT 회사에서 5년간 개발 업무를 수행했고 3개의 관련 서비스를 만든 바 있다.'와 같이 시간과 결과물을 수치로 관리했죠.

이러한 인적자본 이론이 비판받고 있고 우리가 이미 알고 있듯이 시간과 성과에 비례해서 개인 경험이 긍정적 방향으로 나아가지는 않습니다. 즉 인식-인지-감정이란 다양한 측면을 고려했을 때 우리가 조직에서 영향을 받는 요소는 시간과 상품과 서비스란 결과물로 단순화할 수 없습니다. "어떤 경험을 할 것인가?"를 이야기할 때는 경험의 질quality과 밀도density가 더 중요합니다. 필자는 이런 관점에서 개인의 경험에 미치는 요소로서 다양한 측면을 고려해야 한다고 믿고 있고 관련된 프로젝트를 국내 기업과 진행했습니다.

해당 프로젝트에서 여러 문헌을 조사하고 데이터를 분석하여 직장생활 경험에서 유효한 요소로 일work, 관계relation, 제도institution, 문화culture라는 네 가지 요소를 정리했습니다. 이 네 가지 요소는 우리가 일을 할 때 만족감을 주고 몰입에 도움이 되며 이직을 방지하는 효과가 있음을 확인했습니다. 우선 일을 구성하는 요소로는 근무하는 물리적 공간, 기술적 환경, 의사결정의 자율성, 권한 부여, 성장 기회 등을 살펴봤습니다. 다음으로 관계적 경험으로는 상사 또는 동료와의 관계, 협업 등을 살펴봤습니다. 제도적 경험으로는 개인이 직접적으로 영향을 받는 승진, 평가, 보상, 육성, 복리후생 등을 살펴봤습니다. 문화적 경험으로는 소통, 일과 삶의 균형, 심리적 안전감, 의미 부여, 다양성과 포용성 등을 살펴봤습니다. 정리하면 조직이 개인에게 미치는 영향을 단순히 시간의 축적된 양이 아니라 공간, 제도, 관계, 문화 측면으로 확장해서 살펴봤습니다.

네 가지 요소로 세분화하여 개인이 일하면서 느끼는 만족감, 조직 애착감, 이직 성향, 번아웃과의 관련성을 통계적으로 살펴봤습니다. 인적자본 이론에서는 개인에게 교육과 훈련을 포함한 시간을 증가시킬수록 성과가 높아질 것이라고 가정했습니다. 그런데 이를 여러 연구와 우리의 경험에서 반박했듯이 공간과 관계 등의 요소 역시 개인 성과에 통계적 관련성이 없다면 유의미한 주장이 될 수 없기 때문입니다. 우선 개인이 수행하는 일이 회사 비전과 목표와 연계됐다는 인식이 강할 때, 성장 기회가 충분하다고 인식할 때 조직에 대한 애착감과 직무에 대한 만족감도 높았습니다. 그리고 업무 지시와 소통이 명확할 때 이직하고 싶다는 의도가 낮을 수 있고 일과 삶의 균형이 잘 이뤄지고 성장 기회가 있을 때 번아 웃도 적을 수 있음을 알 수 있었습니다.

요약하면 개인이 일을 하는데 "왜 일하지?"에 대한 답을 조직과 리더가 회사의 비전과 목표와 연계해서 명료화할 때, 단순히 회사 를 위한 활동이 아니라 내 성장에 도움이 된다고 인식할 때 여러 긍정적 경험을 한다는 것을 알아낸 것입니다. 즉 회사에서 주어진 시간을 보낸다고 해서 생산성과 성과가 늘어나는 것이 아니라 어 떻게 시간을 인식하고 쓰는지가 중요한 초점이라는 것입니다.

일의 의미와 성장감이 직장인의 경험을 높인다

특히 이런 경향성은 세대별 특성을 고려했을 때 더욱 중요합니 다. 진 트웬지는 미국의 세대별 특성을 3,900만 건 데이터에 근거 해서 『제너레이션』이라는 책을 썼습니다. 그동안 우리는 공통의 사건event를 비슷한 시기에 경험한 집단을 한 세대로 정의해왔습니 다. 가령 9·11 테러를 20대, 30대, 40대 때 경험한 집단들은 각기 다른 특성을 보인다는 것입니다. 그러나 트웬지는 공통의 사건 못 지않게 어떤 기술을 경험했는지가 세대별 특징을 더욱 잘 설명한 다고 주장합니다.

예를 들면 소셜 네트워크 서비스SNS를 기반으로 소통하는 세대 와 전화나 문자로 교류하는 세대는 기술의 특징으로 인해서 가치 와 행동 양식이 다르다는 것입니다. 공통의 사건에 기반해서 세대 를 바라보면 미국과 한국의 세대 간 행동 특성은 차이가 크지만 기 술 사용으로 보면 그 차이는 비교적 작습니다. 『제너레이션』을 보면 현재 미국 직장에서 비율상 주류는 M세대(1980~1994년 출생)이고 향후 5~10년 이내에 Z세대(1995~2012년 출생)가 주류가 될 것입니다. 이는 한국 기업 역시 마찬가지로 이미 MZ세대가 조직에서 50% 이상을 차지하고 있는 상황입니다.

진 트웬지는 MZ세대에게 일work에서 중요한 것은 "왜 일하는가?"에 대한 의미와 "성장할 수 있는가?"라고 말합니다. 세스 고딘도 『의미의 시대』에서 일과 일터에서 새롭게 고민해야 하는 질문은 바로 "왜 일하지?"에 대한 답이며 회사와 리더가 그 답을 줘야 한다고 강조했습니다. 이처럼 개인은 회사란 공간에서 일하고 동료와 함께 시간을 보내고 다양한 제도와 문화에 영향을 받습니다. 직접적으로 직장에서 하는 일이 어떤 의미이고 그 결과로 성장할 수 있는가는 결국 직장에서 하는 경험이 중요하다는 것과 같습니다.

다음으로 관계적 경험도 중요합니다. 앞서 이야기한 일의 의미와 성장감 역시 조직 내 다양한 관계와 관련성이 높습니다. 조직은 목표를 달성하기 위해 다양한 사람들이 모여 협업하는 공간이므로 여러 각도의 이해관계자를 경험하게 됩니다. 그중에서도 상사와 동료는 직장 내 경험에 더 큰 영향을 미칩니다. 서울대학교 최인철 교수는 『굿라이프』에서 "언제 우리는 행복할까?"에 대해 다양한 데이터로 여러 통찰을 제시합니다. 최인철 교수는 인간관계를 친구, 동료 등 아홉 가지로 구분해서 어떤 관계에서 우리가 행복감을 느끼는지를 살펴봤습니다. 흥미롭게도 아홉 가지 관계 중 상사와 지도교수가 불행과 관련되어 있음이 분석 결과 나왔습니다. 이 두 관계는 조직 구조하에서 위-아래라는 방향성이 명확하므로 어렵게 느껴질 수밖에 없습니다. 상사는 구성원에게 목표 달성을 위한 동기부여와 성과 달성의 책임이 있으므로 피치 못하게 조직의 요구를 구성원에게 대신 전달하고 행동으로 옮기도록 설득할 수밖에 없습니다.

그렇다면 조직에서 상사는 운명적으로 구성원과 긍정적 관계를 맺기가 어려울까요? 그렇지 않습니다. 앞에서 이야기했듯이 코로나 19 이후를 거치면서 구성원이 인식하는 상사의 관념이 변하고 있습니다. 단순히 위에서 지시하고 눈치를 봐야 하는 대상이 아니라 협력자로서 상사를 바라보고 있습니다. 실제로 리더십 진단 데이터를 보더라도 그런 특성을 가진 상사에 대한 평가가 좋은 편입니다. 구체적으로 긍정적 경험을 하게 하는 상사는 어떤 사람일까요?

마이크로소프트 CEO 사티아 나델라는 진 필립Jean-Philippe과의 팟캐스트 방송에서 리더는 구성원을 포함한 여러 이해관계자에 대한 공감empathy 능력과 조직의 요구와 방향성이 모호하더라도 이를 명료하게 바꿔서 전달하는 능력이 필요하고 성공을 돕는 조력자가 되어야 한다고 강조합니다.[11] 오픈AI CEO 샘 올트먼은 한 인터뷰를 통해서 사티아의 리더십에 대해 평가했는데 앞으로 나가야 할 비전과 방향에 대해서 명료하게 이야기하면서도 성공을 위해서 세심하게 챙기고 도와주는 조력자라고 표현했습니다. 사티아 나델라의 이런 리더십이 마이크로소프트와 세상을 어떻게 바꾸고 있는지는 우리 모두 이미 잘 알고 있습니다. 여러분도 누군가의 상사이거나 상사가 될 것이므로 이런 특성을 꼭 유념한다면 구성원에게 긍정적 경험을 줄 수 있을 것입니다.

구글과 마이크로소프트의 장점과 단점 분석 결과 시각화

    동료 관계 역시 마찬가지입니다. 14년간 넷플릭스의 최고인재책임자를 수행하고 현재의 넷플릭스를 만드는 데 기여한 패티 맥코드Patty McCord는 넷플릭스의 최고 복지는 최고의 동료라고 강조했습니다.[12] 그녀는 조직 내 인재 밀도를 높이기 위해 늘 최선을 다했는데 최고의 인재를 영입해서 자유로운 환경 속에서 지속해서 성장할 수 있는 과업, 협업 프로젝트, 개발 기회를 주고 그에 맞는 성과와 책임을 지도록 했습니다. 이런 과정을 통해 넷플릭스에 입사하면 최고의 인재와 함께 일하는 것이 복지임을 만들 수 있었죠.

    필자가 최근 글래스도어에서 구글과 마이크로소프트의 데이터 2만 1,000건을 모아서 기업의 장점을 텍스트로 분석했을 때 눈에 띄는 것이 바로 성장 문화였는데 그중에서도 배울 수 있는 동료라는 내용이 많았습니다. 이처럼 과거에는 동료가 단순히 함께 사무실에서 일을 나누는 존재였다면 이제는 협업의 대상이자 배울 수 있는 존재로 의미가 변하고 있다는 것입니다. 여기서 잊지 말아야 할 것은 내가 배울 수 있는 동료를 바라는 만큼 내 동료도 역시 나를 그런 동료로서 기대한다는 것입니다. 그러므로 동료 관계에서 긍정적 경험을 하기 위해서는 나부터 동료의 성장에 도움이 되는 사람이 되어야 합니다.

다음으로 눈여겨봐야 할 부분은 제도적 경험입니다. 제도적 경험에서 개인의 긍정적 행동과 연관성이 높게 나온 영역은 바로 평가와 보상입니다. 공정한 평가와 보상은 우리 모두 공감하듯이 매우 중요한 주제이고 그 파급력 역시 큽니다. 최근 필자가 한 회사를 대상으로 진행한 분석에 따르면 평가와 보상이 공정하다고 인식되면 회사에 느끼는 만족감, 행복감, 소속감이 모두 증가하는 것으로 나타났습니다. 이처럼 평가와 보상은 구성원의 인지와 감정에 직접적인 관련성을 보입니다. 이런 결과는 이미 알고 있지만 "어떻게 하면 공정한 평가와 보상을 할 수 있는가?"가 늘 궁금합니다. 개인마다 공정하다는 인식은 다르기 때문입니다.

2023년 미국 출장 중 구글의 머신러닝 리드와 대화를 나눈 적이 있습니다. 가장 인상적인 내용은 구글의 중요한 조직 운영 원칙 중 하나가 "보상은 평등하게가 아니라 공정하게Pay fairly, not equally"라는 점입니다. 이것이 구글의 지침이라는 것입니다. 평등함은 내가 한 노력에 상관없이 모두에게 결과적으로 동일한 열매를 나눠 주는 것을 의미합니다. 우리가 긍정적 경험을 하게 되는 보상은 평등함이 아니라 공정함이 핵심입니다. 공정함에 대한 인식은 "내가 넣은 인풋input 대비 아웃풋output이 적정한가?" "내가 넣은 인풋 대비 아웃풋의 결과물이 동료 또는 경쟁사 대비 적정한가?"로 귀결될 수 있습니다.

즉 내가 넣은 인풋과 아웃풋이 어떻게 평가받는지와 그 평가가 공정한지가 결국 중요하다는 것입니다. 그러므로 평가와 보상은 늘 중요하게 함께 다뤄집니다. 그런데 우리가 자주 잊고 있는 것이 평가와 보상에서 평가 결과에 대한 구성원의 수용성입니다. 공정한 평가 과정에서 우리는 연공서열, 출신 등의 요소가 개입되지 않는 것에 집중해 왔습니다. 그런데 실제로는 평가를 하는 리더가 보여 주는 특성에 따라서 평가 결과에 대한 구성원의 수용성이 달라집니다. 결국 평가 결과를 받아들이지 못하면 보상 만족도는 떨어집니다. 국내 한 회사에서 수행한 분석에 따르면 높은 평가 수용성은 '관계의 질' '평가자의 전문성' '평가의 구체성' 순으로 중요하다는 데이터 분석 결과가 나온 적이 있습니다. 평가자와 구성원 간 관계의 질을 한순간에 좋게 만들기는 현실적으로 어렵습니다. 하지만 평가자는 일에 대한 전문성과 평가 근거의 구체성을 개발할 수 있습니다. 요약하면 구성원이 긍정적 경험을 하는 데 필요한 제도적 측면은 평가와 보상의 공정함입니다. 이는 평가자가 보여 주는 전문성과 구체성으로 향상할 수 있습니다.

지금까지 우리는 "어떻게 긍정적 경험을 하게 할 수 있을까?"에 관해서 일, 관계, 제도, 문화적 측면으로 데이터 분석과 사례를 통해 살펴봤습니다. 요약하면 구성원이 긍정적 경험을 하게 하려면 현재 하고 있는 일에 의미가 부여되고 그 일을 성장의 기회로서 인식할 수 있어야 합니다. 상사는 구성원에게 조직의 비전과 목표를 연계해서 일의 의미를 이야기하고 일에 대한 전문성을 보이면서 성장을 도모해야 하며 구성원이 성과를 낼 수 있도록 협력자로서 역할을 다해야 합니다. 이 과정에서 동료 역시 성장을 위한 자극이 되고 협업할 대상이 돼야 합니다. 우리는 모두 조직에서 구성원이 자 상사이면서 동시에 동료입니다. 그러므로 서로 긍정적 경험을 위해서 일의 의미와 성장감이 중요함을 잊지 말아야 합니다.

직장인의 스킬을 어떻게 관리하고 성장시켜줄 것인가

기존의 관리 체계와 채용 기준보다 스킬이 중요해진다

'스킬skill'이란 단어가 우리 주변에서 자주 들리기 시작한 시기는 기술이 깊숙이 우리 일상에 들어오면서부터인 것 같습니다. 필요한 새로운 스킬은 증가하는데 그에 맞춰서 인사가 제대로 작동하지 못했기 때문으로 기억합니다. 최근 국내 공기업과 사기업에서 직무 중심으로 조직 운영을 강력하게 전환하고 있습니다. 이러한 빠른 전환으로 인해 조직에서 요구하는 스킬과 현재 보유한 스킬의 종류와 수준 간에 간극이 벌어지고 있습니다. 이에 따라 몇몇 기업에서 구성원 스킬 진단 및 육성 계획을 시행하면서 스킬에 관한 관심이 더욱 높아지고 있습니다.

세계경제포럼WEF은 최근 기사를 통해 이제는 스킬 중심 경제 체계가 오고 있다고도 보고했습니다.[13] 미국 실리콘밸리뿐만 아니라 유럽 여러 기업의 채용 공고 내용도 학력이나 경력 대신 스킬을 중심으로 변하고 있습니다.[14] 승진과 보상 역시 스킬에 따라 결정되는 것이 최근 추세입니다.

스킬은 특정 작업이나 업무를 수행하는 데 필요한 구체적이고 측정 가능한 능력을 말합니다. 프로그래밍과 데이터 분석과 같이 측정 가능한 특성을 가진 능력이 바로 스킬입니다. 스킬을 기반으로 하는 학습은 이러한 스킬을 개발하고 강화하기 위한 활동을 포함합니다. 예를 들어 업스킬링과 리스킬링 프로그램은 스킬을 기반으로 하는 학습의 대표적인 형태로 볼 수 있는데 이는 링크드인 Linkedin과 같은 플랫폼에서 제공되는 다양한 프로그램을 통해 접할 수 있습니다.

오랫동안 조직에서는 구성원을 채용-개발-평가-보상을 중심으로 나눠서 운영해 왔습니다. 이런 관리 체계하에서는 조직 구성원을 직원 생애 주기를 고려하며 장기적으로 관리하기가 현실적으로 어려웠습니다. 또한 오랫동안 구성원을 채용, 승진, 보상할 때 과거 성취와 성과에 근거해서 인재 풀을 좁히고 줄여서 관리해 왔습니다. 이는 조직 전략 달성을 위해 핵심인재를 관리한다는 측면에서는 유효했지만 '과거 성과'가 미래에도 유효할 것이라는 가정에 따른 것이기 때문에 지금과 같이 변화가 급격한 시기에도 여전히 작동할 것인지에 대한 의문이 커지는 상황입니다. 스킬에 기반한 조직은 구성원에게 요구되는 다양한 기술과 능력에는 유통기한이 있으며 이것을 지속해서 바꾸거나 개선함으로써 장기적 성공에 기여한다는 믿음으로 운영됩니다.

현재 조직 환경은 5년 전에 비해서도 너무나 다른 모습이기 때문입니다. 기술은 전례 없는 속도로 발전하고 있으며 세계 시장은 소비자와의 디지털 상호작용에 점점 더 의존하고 있습니다. 세계 경제포럼에 따르면 이러한 발전은 일부 전문가들이 앞으로 5년 동안 약 50%의 직원들이 새로운 기술을 학습해야 할 것이라고 예측하게 했습니다. 또한 현재 전문가들이 주요 업무를 수행하는 데 사용하는 핵심 기술의 40%가 몇 년 후에는 더 이상 관련이 없을 수 있다는 것입니다. 이런 변화 속도에서 과거와 같은 방식으로 인사를 운용한다면 '정해진 미래'에 유연하게 대처하지 못하는 회사임을 자인하는 것과 같습니다.

최근 미국의 여러 회사에서는 채용의 기본 요건으로 활용하던 학력degree을 보는 대신 필요로 하는 스킬을 명확하게 정의하고 활용하는 사례가 늘어나고 있습니다. 예를 들어 보잉, 월마트, IBM은 비즈니스 라운드테이블Business Roundtable의 멀티플 패스웨이Multiple Pathways 프로그램에 참여하여 스킬에 기반한 인사에 더욱 힘을 쏟겠다고 선언했습니다. 구체적으로 학위 요건을 제거했고 다른 조직들과 협력하여 근로자들이 저임금 직업에서 고임금 직업으로 진행할 수 있도록 돕고 있습니다. 스킬에 기반한 인사에 관한 관심은 민간 부문에 국한되지 않습니다. 2022년 5월 미국 메릴랜드주는 거의 50%의 직위에 대해 더 이상 학위를 요구하지 않겠다고 발표했습니다. 의료, 교정, 경찰, 숙련된 무역, 공학 등의 분야에서 수천 개의 직무를 스킬에 기반하여 채용하고 있습니다.

오랫동안 채용에서는 지원자가 가진 학력, 과거 경험, 재직 기간 등에 집중해서 평가해 왔습니다. 지금까지 구성원의 커리어를 돌이켜보면 대학 전공과 직무에 취업해서 한 회사 혹은 산업에서 20~30년 동안 일하는 것이 일반적인 경력 경로였습니다. 평생직장의 개념이 무너진 지는 오래됐고 이제는 평생직업 개념도 사라지고 있습니다. 대표적으로 미국에서 중요한 현상으로 대두되고 있는 '대전환Great Reshuffling'은 직업적 전환을 적극적으로 시도하고 고려하는 미국 직장인의 태세를 의미합니다. 이처럼 스킬에 기반한 인사가 도입되면 내부 혹은 외부로의 이동이 더욱 활발해질 것입니다.

측정 가능한 스킬을 관리하려는 전략과 방식이 중요해진다

조직과 개인이 스킬을 기반으로 하여 학습하고 성장하기 위해서는 무엇이 필요할까요? 먼저 조직에서 필요로 하는 스킬이 무엇인지 명확히 정의해야 합니다. 이를 위해 스킬 평가Skill Assessment와 스킬 매핑Skill Mapping이 필요한데 이는 각 구성원이 가진 스킬과 수준을 측정하고 평가하는 과정입니다. 이를 통해 구성원의 현재 수준을 파악하고 새로운 비즈니스 기회에 대한 준비 상태를 평가할 수 있습니다.

스킬과 스킬갭을 파악하는 방법에는 여러 가지가 있습니다. 우선 각 직무에 대한 직무 기술서가 있다면 해당 문서에서 스킬을 추출하고 정리하는 것입니다. 또 다른 방법으로는 국가직무능력표준NCS 홈페이지와 같은 자원을 활용해 직무별로 필요한 스킬을 개괄적으로 조사한 다음 이를 바탕으로 조직에 필요한 스킬을 고도화하는 작업이 있습니다. 또한 개인별 스킬을 인사 기록 카드나 인트

Get professional job training from Google

| Overview | Professional Certificates | Path to jobs | FAQs |

1.8만 개 이상의
직업 공고

1.8M+

job postings across certificate fields[1]

3~6개월 동안 각자
페이스에 맞춰 학습

3 to 6 months

to complete with under 10 hours of flexible study per week

자격증 취득자 75%
이상이 취업 시 도움을
받았다고 응답함

75%

of certificate graduates report a positive career outcome (e.g., new job, promotion, or raise) within six months of completion.[2]

자격증 취득 인원의
연봉 중위값이 9.3만
달러에 달함

$93,000+

median salary across certificate fields (0-5 years experience)[3]

라넷에 해시태그 형식으로 라벨링하게 하여 각 구성원이 가진 스킬의 형태와 분포를 파악할 수 있습니다. 이를 통해 구성원은 자신의 스킬 수준을 자가 진단하고 조직은 이를 데이터로 관리할 수 있습니다.

구글은 '구글과 함께 성장하기Growth with Google'를 운영하는데 직업과 관련된 구체적인 스킬을 배우고 익혀서 자격증을 취득하도록 돕습니다.[15] 흥미로운 점은 취득한 자격증(예: 데이터 분석, 디지털 마케팅, UX 디자인 등)은 전 세계 150여 개 기업에서 인정받고 있고 코세라Coursera와 공동으로 운영하기 때문에 접근성이 우수하다는 점입니다.

이러한 과정 못지않게 스킬을 기반으로 하는 학습은 구성원의 학습 마인드셋과 동기부여에도 중요한 역할을 합니다. 예를 들어 월드컵에서 승률이 높은 팀의 특성을 데이터로 분석할 때 "골 찬스를 어느 팀이 가장 많이 만들었는가?"와 같은 구체적이고 측정 가능한 변수가 중요합니다. 마찬가지로 조직에서도 구체적이고 측정 가능한 스킬에 집중하여 수치화하고 지속해서 관리하려는 전략이 필요합니다. 이러한 전략은 업스킬링과 리스킬링을 통해 개인과 조직의 성장을 도모하며 스킬 평가와 매핑을 통해 구성원의 역량을 체계적으로 관리할 수 있는 시작점이 됩니다. 또한 스킬갭을 파악하고 이를 메우기 위한 학습 디자인을 구성함으로써 모든 구성원이 공정한 기회를 얻고 자기 발전에 기여할 수 있는 환경도 조성할 수 있습니다.

결국 스킬 중심 조직 운영과 성장은 우리가 앞으로 마주하게 될 큰 변화일 것입니다. 공정성, 다양성, 포용성이란 사회적 움직임에 더해 데이터와 알고리즘으로 조직을 운영할 때 스킬은 조직 운영의 주요하고 효과적인 단위이기 때문에 그렇습니다. 앞으로 우리가 마주하게 될 미래 사회는 스킬을 어떻게 진단하고 관리하고 변화할 수 있게 만들지가 중요한 개인 성공 요소가 될 수 있다는 점을 잊지 말아야 합니다.

모든 사람이 컨설턴트가 되는 시대를 준비해야 한다

직업 대체는 피라미드의 상단부터 시작된다

필자는 주로 '기술과 사람의 만남'을 주제로 연구하고 컨설팅하고 강의합니다. 데이터와 알고리즘으로 사람을 이해하고 기술이 어떻게 우리가 일하는 방식을 바꾸는지도 주요한 관심사입니다. 챗GPT를 포함한 생성형 인공지능은 사회와 조직의 수직과 수평의 경계를 모호하게 만들었다고 표현합니다.

우선 그림 「직업 피라미드의 대체 방향의 변화」는 소위 말하는 직업 피라미드를 보여줍니다. 피라미드 하단에 단순 노동직부터 상단으로 올라갈수록 의사, 변호사, 회계사 등 고급 지식에 기반한 전문직과 작가 및 화가 등 창의적 전문직이 존재합니다. 그동안 기술이 발전해 온 흐름을 보면 단순 반복 업무부터 우리의 일을 대체할 것으로 믿어왔습니다. 그러나 챗GPT가 등장하면서 대체 방향이 위에서 아래로 바뀌게 됩니다. 챗GPT를 포함한 생성형 인공지능

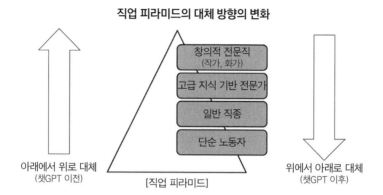

직업 피라미드의 대체 방향의 변화

창의적 전문직
(작가, 화가)

고급 지식 기반 전문가

일반 직종

단순 노동자

아래에서 위로 대체
(챗GPT 이전)

[직업 피라미드]

위에서 아래로 대체
(챗GPT 이후)

에게 가장 뛰어난 능력이 바로 인지와 추론 능력이기 때문입니다.

고급 지식에 기반한 전문직과 창의적 전문직은 오랜 기간 정규 교육과 자격증을 통해 방대한 양의 지식을 학습하고 경험을 쌓으면서 직업 피라미드 상단에 위치해 왔으나 대규모 데이터를 학습한 생성형 인공지능에게 그런 지식과 경험은 가장 쉽게 대체할 수 있는 영역이죠. 그로 인해 갑작스레 직업 대체 방향이 위에서 아래로 바뀌게 된 것입니다.

지식 근로자가 조직에서 기여할 수 있는 가장 일반적인 방법은 조직의 문제를 해결하기 위해 다양한 데이터와 자료를 모으고 구조화해서 아이디어가 담긴 보고서를 작성하는 방법이었습니다. '문제 이해-자료 검색-자료 정리-구조화-아이디어 도출-보고서 작성' 순으로 요약할 수 있겠죠. 공교롭게도 지식 근로자가 수행했던 일련의 과정은 생성형 인공지능이 가장 잘하는 영역이기도 합

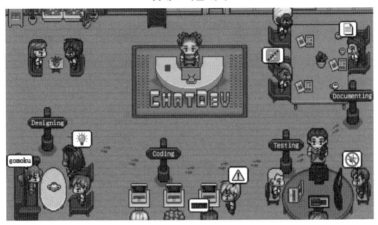

니다. 챗GPT API[*]를 활용해서 개인 PC나 노트북에서 운영 가능한 오토GPT_{AutoGPT}는 사용자가 목표를 설정하면 자동으로 방법을 터득해 결과물을 만들어냅니다.[16]

가령 2023년 서울시 연령별 지하철 사용횟수를 구하고 평균치를 계산하고 간단한 보고서를 써야 하는 경우 오토GPT에게 역할과 세부 목표를 설정해 주면 보고서 초안까지 작성하기도 합니다. 오토GPT는 스스로 "서울시 연령별 지하철 사용횟수를 알기 위해서는 어떻게 하지?"라는 질문을 던지고 "구글에서 서울시, 지하철 사용횟수 데이터를 찾아보자."라고 답하면서 구글 창을 열고 검색하며 관련 자료를 읽고 임시 파일 형태로 기억하기 위해 저장하고

---

* **API**는 애플리케이션 프로그래밍 인터페이스_{Appilcation Programming Interface}의 약자로 운영체제와 응용프로그램 사이의 통신에 사용되는 언어나 메시지 형식을 의미합니다. 중간자로서 운영체제와 프로그램을 연결하는 역할로 이해하시면 됩니다.

이후 작업을 계속해 갑니다. 최근에는 멀티 에이전트multi-agents라는 개념이 도입되어 생성형 인공지능끼리 목표를 함께 달성하는 오픈소스도 활용되고 있는데요. 앞서 설명한 오토GPT가 개인 비서처럼 일한다면 멀티 에이전트는 팀을 만들어서 생성형 인공지능끼리 협업하며 과업을 수행합니다. 챗데브ChatDev는 멀티 에이전트를 활용해서 소프트웨어를 만드는 프로그램으로 에이전트에게 역할을 부여하고 서로 대화하면서 필요한 업무를 정의하고 코딩하고 관리하고 시험한 후 소프트웨어를 만들어 냅니다.[17]

수직적 구조가 허물어지고 모든 사람이 관리자가 된다

이제는 일하는 방식이 사람끼리 협업이 아니라 어떻게 하면 인공지능과 함께 협업해서 더욱 좋은 성과를 낼까, 혹은 인공지능끼리 일을 더욱 잘하게 만들 방법은 무엇일까를 고민하는 단계에 접어들었다는 말입니다. 그렇게 되면 사회와 조직 경계가 모호해질 것입니다. 우선 그동안 조직 내 '구성원-팀장-임원'과 같은 수직적 구조에 의해 위에서 아래로 일이 떨어지고 아래에서 위로 일을 보고하고 피드백을 받는 식으로 일했습니다. 이제는 조직 내 모든 사람이 인공지능 에이전트에게 일을 주고 함께 일하는 '모든 사람이 관리자가 되는Everyone becomes a manager' 상황이 벌어지고 있습니다.

이뿐이 아닙니다. 라마Llama, 팰컨Falcon, 미스트랄Mistral, 젬마 Gemma 등 무료로 활용할 수 있는 오픈소스 대규모언어모델을 제한 없이 쓸 수 있고 중앙처리장치CPU에서 NPU라고 하는 신경망처리장치Neural Processing Unit가 상용화되면서 온디바이스 인공지능 시대가 시작됐습니다. 그로 인해 개인 PC와 노트북에서 기존 업무 처리 방식이 빠르게 변할 것입니다. 이미 챗GPT는 데이터 파일을 업로드하면 자연어로 머신러닝 분석과 시각화까지 수행하고 있으며 오픈 인터프리터Open Interpreter는 개인 PC에서 관련 업무를 인터넷 접속 없이 오픈소스를 기반으로 할 수 있게 합니다.[18]

이런 상황이라면 기존에 직무를 구분해서 단계별로 했던 업무의 경계가 허물어질 수 있습니다. 가령 기존에는 재무부서에서 예산을 책정하고 개발 부서에서 관련 제품과 서비스 시제품을 고안하고 디자인 부서에서 시안을 만들어 마케팅 부서에서 판매 전략을 차례대로 수립했습니다.

이제는 생성형 인공지능이 예산 책정을 위해 PC 내 파일을 검색해서 필요한 데이터 분석과 모델링을 하고(오픈 인터프리터) 제품과 서비스의 아이디어 제안을 위해 챗GPT 스토어의 GPTs를 이용하고 달리3DALL·E 3를 통해 이미지를 생성하고 젠2Gen-2, 소라Sora, 비오Veo를 통해 동영상을 생성해서 시안을 만들어 마케팅 전략을 수립할 수 있을 것입니다. 결국 기존의 직무 구분이 희미해지고 생성형 인공지능을 활용해서 한 개인이 조직의 문제를 해결할 수 있는 '모든 사람이 컨설턴트가 되는Everyone becomes a consultant' 시대가 온 것입니다.

초지능 구현이 조직에서 직무나 역할 구분을 없앨 것이다

이 밖에도 우리가 주목해서 봐야 할 영역이 바로 '뇌-컴퓨터 인터페이스BCI, brain-computer interface'입니다. 뇌-컴퓨터 인터페이스는 뇌와 외부 장치가 직접적인 상호작용을 할 수 있게 하는 기술입니다. 이 기술을 개발하는 대표적인 회사가 일론 머스크가 설립한 뉴럴링크입니다. 지금과 같이 인공지능이 폭발적 관심을 받기 이전인 2017년 3월 머스크는 뉴럴링크를 설립하면서 "인류는 인공지능의 도전에 직면하고 있으며 인간이 인공지능과 맞서 싸울 수 있는 유일한 방법은 인간의 뇌에 인공지능 층을 만들고 자연적인 두뇌와 인공두뇌를 연결하는 것뿐입니다."라고 포부를 밝혔습니다.[19]

이후 머스크는 기술 발전을 통해 2024년 초 인간 뇌에 컴퓨터 칩을 이식하는 데 성공했다고 발표했습니다.[20] 뇌-컴퓨터 인터페이스는 인간의 뇌신경세포인 뉴런을 컴퓨터가 감지하고 해석해서 관련 신호를 외부 장치와 상호작용할 수 있게 해줍니다. 예를 들면 생각만으로 컴퓨터에 입력하거나 로봇팔을 움직일 수 있습니다. 아직 기술적으로 풀어야 할 영역이 많이 존재하지만 우리 뇌가 수행하는 인지 능력(예: 수학적 연산, 언어 이해 등)을 뇌-컴퓨터 인터페이스 기술의 도움으로 향상할 수 있다고 하여 이를 초지능hyper-intelligence 혹은 트랜스휴먼transhuman이라 부르기도 합니다.[21]

인간 능력이 증강되면 생산성이 빠르게 올라갈 것이며 조직에서 직무나 역할 구분은 더욱 모호해질 것입니다. 놀라운 것은 수년 내 뇌-컴퓨터 인터페이스를 통한 초지능을 구현할 가능성이 높다는 것입니다. 이렇듯 사회와 조직에 존재하는 수직과 수평 경계가 희미해지고 우리가 수행해야 할 역할이 조직 문제와 목표에 따라 다양해질 것이고 조직 운영은 유연하게 될 수밖에 없습니다. 이런 경우 우리에게 필요한 준비는 바로 다름과 차이를 인정하는 것입니다.

다양성과 포용성을 이해해야
미래를 대비할 수 있다

이제는 평균보다 차이에 주목해야 한다

자, 여기 A와 B라는 두 사람의 대학교 학점이 있습니다. A와 B 모두 평점 4.0을 맞은 우수한 학생입니다. 그러나 A와 B가 학교생활 동안 받은 과목별 학점 패턴은 차이가 있습니다. 표「가상의 두 학생의 과목별 학점」을 보면 보면 A는 전 과목에서 4.0을 받은 반면 B는 과목별 학점에 차이가 있습니다. 만약 우리가 새롭고 창의적인 프로젝트를 수행해야 하는 직무에 채용을 한다면 누구를 채용해야 할까요? 혹은 비교적 단순 반복 업무를 지속해서 안정적으로 해낼 직무에서 사람을 뽑아야 한다면 누구를 선발해야 할까요? 전자는 B를, 후자는 A를 고르는 경우가 많을 것입니다.

조직에서 우리가 개인을 선발할 때 활용하는 학점은 주로 학부 4년간 전체 평점입니다. 평균은 한 표본의 특성을 대변할 수 있는 좋은 지표이지만 특성이 갖고 있는 다양성을 충분히 표현하지 못

가상의 두 학생의 과목별 학점

과목명(가상)	A학생	B학생
인사관리	4.0	3.0
마케팅	4.0	4.5
회계학	4.0	3.5
디자인 씽킹	4.0	4.5
독서토론	4.0	4.5

합니다. 이를 통계에서는 편차라고 부르죠. 과거와 같이 사업이 안정적이고 변화가 적을 때 우리는 평균적으로 우수한 사람을 선호했습니다. 그러나 조직에서 요구되는 바가 명확하게 다를 때 우리가 눈여겨봐야 할 것은 평균이 아니라 편차입니다.

오랫동안 우리에게 다름 혹은 차이는 불편함의 원인이었습니다. 조직에서 개인이 자신을 어떻게 인식하고 자신의 위치를 정의하는지를 설명한 사회정체성 이론social identity theory은 개인이 가진 특성에 따라서 조직 내 작은 그룹이 왜 생겨나고 이를 통한 갈등이 어떻게 발생하는지를 설명합니다. 타지펠과 터너는 최소 그룹 패러다임Minimal Group Paradigm 실험을 통해 왜 경쟁과 편견이 생기는지를 증명했습니다.[22]

가령 무작위로 참여자에게 색깔 종이를 나눠주고 그 색깔에 따라 구분 지어진 집단 간 연대감, 경쟁, 편견이 어떻게 생기는지를 관찰했습니다. 흥미롭게도 우연히 같은 색깔을 가진 사람들끼리는 쉽게 연대감이 생겨났고 다른 색깔의 집단을 배제하고 차별하는 의사결정을 하게 됩니다. 이처럼 사소한 기준에 따라 집단이 분류

되더라도 한 개인은 집단 내 정체성과 위치를 확인하고자 합니다. 그러므로 조직 내 다른 특성을 가진 사람과의 연대는 쉽지 않음을 쉽게 추론할 수 있습니다.

이렇듯 한국의 여러 조직에서도 성별, 연령, 출신 지역에 따른 갈등이 큽니다. 앞선 텍스트 데이터에서 보았듯이 아직 한국 조직에는 출신 성분, 현장과 본사의 차이 등이 불만족 요인으로 작용하고 있습니다. 이렇듯 조직 내 차이는 아직 명시적, 암묵적으로 존재합니다. 개인 특성에 따른 차이로 차별이 일어나는 것은 조직에서 강력하게 제도적으로 금지하고 문제를 해결해야 합니다. 그러나 개인이 갖고 있는 선호, 가치 등의 차이와 다름은 적극적으로 권장해야 합니다.

다양성을 다차원으로 나누어서 관리한다

그렇다면 왜 이렇게 다양성에 관심이 높아졌을까요? 여러 이유가 있겠지만 필자는 초개인화와 지능화 두 가지에 주목합니다. 조직 내 구성원을 바라보는 렌즈가 과거에는 단순히 성별, 세대, 인종 등 눈에 보이는 특성이었습니다. 이제는 쉽게 눈에 띄지 않는 성격, 가치, 동기, 경험 등에 주목하고 있습니다. 조직 내 구성원 간 갈등은 단순히 나이가 달라서가 아니라 그들이 추구하는 가치와 성격 등이 다르기 때문입니다. 그러므로 다양성을 이해하기 위해서는 다차원에서 차이를 이해할 필요가 있습니다. 필자는 가시성 및 변화 정도로 다양성 요소를 이해하고자 합니다. 그림 「두 축으로 본 다양성」에서 1사분면의 다양성 요소는 인지하기 쉽지만 후천적으

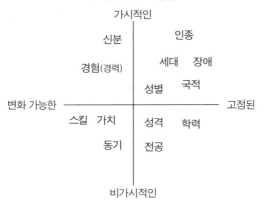

두 축으로 본 다양성

가시적인

신분　　　　인종

경험(경력)　세대　장애

성별　국적

변화 가능한 ——————————————— 고정된

스킬　가치　성격　학력

동기　전공

비가시적인

로 변화가 어려우므로 이 영역에서 우리는 편견에 빠지지 않도록 주의해야 합니다. 4사분면 역시 변화가 어렵지만 적극적으로 관리해야 합니다. 가령 인지적 다양성의 주요 요소로 볼 수 있는 학력, 전공, 성격 등은 조직 내 창의성과 혁신의 원동력으로 주목받고 있습니다.[23] 2사분면의 신분Status은 조직 내 차별에 주요한 요소이므로 조직에서 적극적이고 기민하게 관리해야 합니다. 그 외 경험, 가치, 동기는 변화가 가능하기에 조직에서 적극적으로 이해하고 관리하려는 노력이 중요합니다. 다름을 차이로 보고 이해하려는 노력이 바로 포용으로 가기 위한 첫걸음이기 때문입니다.

또한 챗GPT를 필두로 한 지능화가 발전할수록 아이러니하게 다양성도 중요해집니다. 우리가 활용하는 알고리즘과 인공지능은 학습한 데이터에 따라 객관성과 편향성을 모두 갖게 됩니다. 우리는 인공지능이 객관적이라 믿지만 어떤 데이터를 가지고 학습했는지에 따라 그 답은 다를 수 있습니다. 가령 영국 정부가 비자 발급을

이미지 생성형 인공지능의 편향성 사례

위해서 활용한 인공지능이 백인의 비자 신청은 대부분 받아들이고 유색인종의 신청은 높은 비율로 거부한 사례가 있습니다.[24] 또한 이미지 생성형 인공지능인 스테이블 디퓨전Stable Diffusion에게 "신문 읽는 사람을 그려 달라."라고 하자 그림 「이미지 생성형 인공지능의 편향성 사례」와 같이 백인 남성 이미지가 주로 생성됐습니다.

앞으로 직장생활에서 인공지능과 협업하고 함께 의사결정을 내리는 경우가 많을 것입니다. 그러나 인공지능은 학습한 데이터에 따라 사람보다 더욱 편향적일 수 있으며 이는 조직 내 다양성과 관련된 심각한 문제를 일으킬 수 있습니다. 이에 미국 백악관과 각주 정부 그리고 유럽연합 등에서는 인공지능에 학습된 데이터를 공개하고 어떤 알고리즘으로 의사결정을 내리는지 등을 인공지능 사용자에게 요구하고 있습니다.[25] 그러므로 지능화는 앞으로 조직과 개인에게 다양성 이슈를 더욱 예민하게 바라봐야 하는 당위성을 가져다줄 것입니다.

동료가 중요하게 생각하는 가치를 존중해야 한다

그렇다면 우리는 다양성을 어떻게 바라보고 포용할 수 있을까요? 우선 함께 일하는 동료의 가치 다양성에 주목하길 추천합니다. 가치는 의사결정의 기준으로서 동료가 하는 행동의 이유를 추론하는 데 도움이 되기 때문입니다. 가령 최근 필자가 데이터 컨설팅을 하는 여러 조직에서 직업 가치를 조사하면 연령에 따라 가치 차이가 극명하게 나오는 편입니다. 소위 말하는 베이비부머와 X세대는 인정과 안정이라는 가치를 가장 중시하고 M세대는 급여를, Z세대는 성장과 재미를 추구하는 경향이 강합니다.[26] 개인마다 추구하는 가치가 다르다면 행동과 언어 역시 다르게 표현될 것입니다. 이는 갈등의 시작점이 되기도 하죠. 함께 일해야 하는 조직 특성상 세상을 바라보는 렌즈가 다르기 때문입니다. 그러므로 조직 내 가치 다양성을 이해하고 포용하는 것이 시작이라 할 수 있습니다. 표「직업 가치 측정을 위한 진단지」를 참고해서 자신과 주변 동료의 가치를 파악해 보는 것도 상호 이해를 위한 효과적인 시작점이 될 수 있을 것입니다.

한국고용정보원에서 발표한 MZ세대의 직업 가치관 분석에 따르면 약 110만 명의 직장인이 몸과 마음의 여유(1위), 안정성(2위), 금전적 보상(3위), 스스로 목표 수립 및 달성(4위), 타인에게 인정(5위) 등을 선택했습니다.[27] 독자분들도 스스로 진단해 보고 동료와도 함께 진단해 보고 한국 직장인 결과와도 비교해서 살펴보면 다양한 각도에서 상대방을 이해할 수 있을 것입니다.

현재 직장에서 가장 높은 비율을 차지하고 있는 M세대와 앞으로 주류가 될 Z세대를 이해하기 위해서는 개인주의란 가치의 의미와 이유를 인지하는 것이 도움이 됩니다. 개인주의 추구 성향을 알아

직업 가치 측정을 위한 진단지

일을 통해 추구하는 가치	3순위까지 고르세요
몸과 마음의 여유를 가질 수 있는 업무나 직업을 중시	
직업에서 얼마나 오랫동안 안정적으로 종사할 수 있는지를 중시	
금전적 보상을 중시	
스스로 목표를 세우고 달성하는 것을 중시	
타인으로부터 인정받는 것을 중시	
새로운 지식을 얻는 것을 중시	
자율적으로 업무를 해나가는 것을 중시	
신체활동을 덜 요구하는 업무나 직업을 중시	
업무가 고정되어 있지 않고 변화 가능한 것을 중시	
타인에 대한 영향력을 발휘하는 것을 중시	
여러 사람과 일하기보다는 혼자 일하는 것을 중시	
남을 위해 일하는 것을 중시	
국가를 위해 도움이 되는 것을 중시	

보기 위해 "개인 이익은 집단 이익보다 더 존중받아야 한다." "협업하여 함께 일하는 것보다 개인으로 일하는 것을 선호한다." "성공적인 직장생활을 위해서 조직에 충성하며 일할 필요는 없다." 등의 문항을 활용할 수 있습니다. 국내 한 조직의 약 3,000명의 데이터를 기준으로 하면 Z세대는 개인주의 성향이 M세대와 큰 차이가 없고 X세대와 베이비부머와는 통계적으로 유의한 차이를 보입니다.

(1) 응답 평균치 Z세대 3.6, M세대 3.4, X세대와 베이비부머 3.2, (2) 응답 평균치 Z, M세대 3.0. X세대와 베이비부머 2.6, (3) 응답 평균치 Z세대 2.8, M세대 2.6, X세대와 베이비부머 1.8이므로 속해 있는 팀 혹은 조직을 진단해 보면 우리 구성원의 가치관이 어디에 위치하는지 이해하는 데 도움이 됩니다. 또한 조직에서 '개인'을

충분히 존중한다고 인식하는 구성원은 업무와 조직 만족도가 높아지는 것을 알 수 있습니다. 그러므로 개인주의란 가치가 앞으로 우리 구성원에게 주요한 믿음이라는 것을 고려하고 조직에서도 이를 존중하고 관련된 문화 활동을 시행하면 긍정적 행동(예: 조직 및 직무 만족)을 기대할 수 있을 것입니다.

다만 개인주의를 '나만 중시'하는 이기주의와는 분리해서 생각해야 합니다. 2013년 타임스가 M세대 특성을 소개한 「저요, 저요 세대The Me Me Me Generation」에는 사회적 기준을 따르는 베이비부머와 X세대와 다르게 M세대는 행복과 성공 기준이 '나' 중심으로 이동했고 그 기준이 개인마다 다르다고 설명했습니다.[28] 그러므로 개인주의는 자신의 이익만 강조하는 이타주의의 반대말인 이기주의가 아님을 인지해야 합니다. 오히려 ESG 흐름을 포함해서 사회적 가치를 추구하는 회사 제품과 서비스를 적극적으로 이용하고 적극적 기부에 참여하는 성향을 보면 MZ세대가 보이는 개인주의 성향은 이타주의에 기반함을 알 수 있습니다. 이는 동료를 바라보는 관점 변화에서도 인지할 수 있습니다.

필자가 최근 진행한 데이터 컨설팅 사례를 보면 동료에 대한 인식이 단순히 조직에서 함께 일하는 사람에서 협업 대상으로, 그리고 친한 관계friendship로 이동하고 있습니다. 나와 조직의 성공을 위해서 능력 있는 동료와의 협업을 환영하고 그들의 성공에도 기여하고자 하는 의지가 강하기 때문에 현대 직장인의 개인주의는 자신의 중요한 가치를 추구하는 성향으로 이해해야 함이 정확한 것입니다. 진 트웬지는 『제너레이션』에서 개인주의를 경험하게 된 주요한 원인으로 TV와 스마트폰의 발전을 강조했습니다. 이후 등장하게 될 알파 세대는 인공지능을 활용해서 더욱 개인화된 서비스와 상품을 활용하기 때문에 초개인화된 특성을 보일 것으로 기대되므로 우리가 앞으로 일할 직장에서 개인주의 가치는 더욱 공고해질 것입니다.

훈련을 통해 무의식적 편견을 인지하고 관리해야 한다

다음으로 무의식적 편견unconscious bias을 수정하는 훈련에 관심을 가질 필요가 있습니다. 이런 훈련은 사람들이 인식적으로 인지하지 못하는 선입견과 편견을 수정하는 과정을 포괄합니다. 무의식적 편견은 우리의 배경, 문화, 경험에 의해 영향을 받습니다. 이러한 편견은 직장 내 인적 관련 결정에 영향을 미칠 수 있습니다. 팀 구성, 프로젝트 할당, 승진 결정 등이 해당합니다. 이는 포용적이지 않고 대표성이 떨어지는 직장 환경을 초래할 수 있고 조직의 혁신 능력과 시장 경쟁력을 감소시킬 수 있습니다.

대니얼 카너먼이 저서 『생각에 관한 생각』에서 인지적 지름길이라 표현한 휴리스틱 혹은 시스템 1 사고는 효율적 의사결정에 도움이 됩니다. 우리 뇌는 초당 1,100만 개의 정보를 처리하지만 의식적으로 인식하는 것은 그중 40개에 불과합니다. 무의식적 편견은 빠른 사고를 사용할 때 발생합니다. 우리는 의식적인 인식 없이 빠르게 정보를 걸러내는데 이는 자동 조종 장치처럼 작동합니다. 이를 방해하기 위해서는 의식적인 인식을 연습하고 우리 뇌의 더 신중하고 분석적인 부분인 느린 사고 시스템을 활성화해야 합니다. 즉 기존에 갖고 있던 여러 이유로 편견에 매우 취약한 특성을 보이기 때문에 무의식적 편견을 줄이는 훈련은 이런 성급한 판단을 돌아볼 기회를 제공합니다.

무의식적 편견을 줄이기 위해서는 어떤 편견이 있는지를 이해하는 것이 첫 단계입니다. 유사성 편향Similarity bias은 우리와 비슷하다고 생각하는 사람들을 선호하거나 선택할 때 발생합니다. 예를 들어 송태경은 같은 대학에서 컴퓨터과학을 공부한 이상진을 프로젝트에 선택하는 경우입니다. 경험 편향Experience bias은 모든 사람이 우리와 같은 방식으로 생각한다고 믿고 의견이 다른 사람은 틀렸다고 여길 때 발생합니다. 예를 들어 최한나는 제안서를 작성할 때 고객이 자신과 동일한 제품 지식을 가지고 있다고 가정했습니다. 이 때문에 충분한 배경 설명을 하지 못해 비즈니스를 잃은 경우입니다. 귀인 편향Attribution bias은 우리가 다른 사람의 행동을 우리 자신을 판단할 때보다 더 엄격하게 인식해서 발생합니다. 예를 들어 윤명훈과 윤용운이 항상 늦게 출근하는 것을 보고 그가 직무에 충실하지 않다고 생각하는 경우입니다. 마지막으로 편의 편향 Expedience bias은 신중하게 객관적인 정보를 수집하는 대신 가장 빠르게 떠오르는 것을 기반으로 결정을 내릴 때 발생합니다. 예를 들어 김은미는 마감일에 긴박하게 작업하면서 고객의 요구에 더 적합할 수 있는 추가적인 관점이나 해결책을 탐색하지 않고 결정을 내린 경우입니다.

다만 심리학자 패트릭 포셔Patrick Forscher의 연구에 따르면 단순히 무의식적 편견 개념과 상황을 인지하도록 돕는 훈련은 편견을 줄이는 데 크게 도움이 되지 않습니다.[29] 효과적으로 무의식적 편견을 제거하기 위해서는 '편견 인식 – 구체적 방법 학습 – 적용 – 개선 측정'이란 선순환을 거쳐야 합니다. 우선 훈련에 참여하는 구성원은 본인의 편견을 인식하고 그 영향을 인정해야 합니다. 그 후 다양한 사람과의 상호작용을 늘리고 편향 종류와 극복 방법을 학습하고 여러 상황을 비디오와 역할극을 통해서 적용해 본 후 일상생활 속에서 개선도를 측정하는 것입니다.

마이크로소프트에서는 리더가 되면 중요하게 받는 훈련 중 하나가 무의식적 편견입니다. 조직에서 경험할 수 있는 여러 상황을 보여주면서 그 상황 속에서 일어날 수 있는 무의식적 편견(예: 최신 효과, 후광 효과, 성별 효과 등)을 인지하고 이를 개선할 수 있는 구체적 행동 요령과 시뮬레이션을 시행합니다. 또한 마이크로소프트 피플 애널리틱스People analytics 조직은 조직 내 다양성과 포용성 진단을 지속적으로 실시해서 잠재적 편견을 사전에 차단하고자 노력하고 있습니다. 마이크로소프트에서 실시하는 무의식적 편견 훈련 예시를 살펴보죠.[30]

〈상황〉

마커스는 신생아를 돌보기 위해 부모 휴가를 신청했습니다. 그는 휴가를 받을 권리가 있는데도 프로젝트 리더는 마커스에게 아버지로서 전체 기간을 채우지 않아도 된다고 제안했습니다. 마커스가 휴가를 마치고 일에 복귀한 이후 그는 팀 이벤트에 초대받지 못했으며 새로운 업무 할당에서도 간과됐습니다. 그가 프로젝트 리더에게 설명을 요청했을 때 그는 마커스가 부모의 역할에 충실히 하는 동안 새로운 업무를 할당하고 싶지 않다고 말했습니다.

앞 상황에서 마커스는 프로젝트 리더에게 어떤 경험을 한 것일까요?

1. 무의식적 편견
2. 의식적 편견
3. 의식적 편견과 무의식적 편견 모두
4. 둘 다 아님

상황문을 보고 답변을 선택하면 다음과 같이 답변에 대한 피드백을 줍니다.

정답: 3번

마커스는 부모 휴가를 신청했습니다. 처음에는 프로젝트 리더가 의식적 편견을 드러내며 남성으로서 가족과 함께하는 시간을 줄일 것을 제안했습니다. 마커스가 휴가에서 복귀한 후에 프로젝트 리더는 무의식적 편견을 보였는데 이는 마커스가 부모로서 일과 가정의 요구를 균형 있게 맞출 수 없을 것이라고 가정했습니다. 이 시나리오에서 프로젝트 리더의 무의식적 편견은 마커스의 경력 발전과 미래 기회에도 영향을 미쳤습니다.

또한 무의식적 편견과 관련된 여러 가지 지식을 제공합니다. 가령 전 세계 사람 중 42%가 남성이 여성보다 더 나은 비즈니스 경영자가 될 수 있다고 생각합니다. 이 비율은 직장 내에서 계속해서 작동하는 성별 불평등과 보이지 않는 장벽의 깊은 뿌리를 반영하며 이러한 장벽은 종종 숨겨져 있거나 무의식적입니다. 또한 전 세계적으로 10억 명의 사람이 장애를 가지고 살아가는데 장애인의 실업률은 비장애인의 두 배라는 점입니다.

고용주들은 종종 장애인이 비장애인과 같은 기술과 능력을 갖추고 있지 않다고 가정하는데 이는 무의식적 편견의 한 형태입니다. 그리고 구식 이름이 적힌 이력서는 현대적인 이름이 적힌 동일한 이력서보다 직업에 고려될 확률이 50% 적습니다. 무의식적 편견은 구식 이름을 가진 성인이 현재 직업에 필요한 기술을 가지고 있을 가능성이 더 낮다고 가정하게 만들 수 있습니다. 이 같은 지식은 무의식적 편견을 줄이기 위한 느린 사고의 시작점이 될 수 있습니다.

송길영 박사는 저서 『시대예보: 핵개인의 시대』에서 다양성은 형평성과 포용성의 열매라고 표현했습니다. 여러 차원의 다양성이 강조되고 있는 현재 포용성을 높이려는 우리 개인의 노력이 선행되어야 합니다. 그러면 우리가 가진 다름은 개인과 조직의 '차이를 만드는making a difference' 중요한 요소가 될 수 있습니다.

직장인의 호기심과 성장 마인드셋을 키워주어야 한다

호기심이 중요한 자질로 각광받는 때가 왔다

애덤 그랜트는 저서 『히든 포텐셜』에서 지속해서 성장하는 사람의 첫 번째 조건으로 호기심을 강조했습니다. 끊임없이 기존 관행에 의심을 품고 새로운 가능성을 타진하는 사람들은 스펀지처럼 새로운 내용을 받아들였습니다. 그들은 그러기 위해 강의를 들을 때나 혼자 학습할 때 질문을 꾸준히 하며 이를 해결하고자 합니다. 애덤 그랜트는 자기 잠재력을 발전시키는 사람은 수업 중 지속해서 필기하고 질문하는 행동 특성을 보인다고 했습니다. 호기심이 성장과 내적 동기부여의 중요한 시작점임은 여러 연구를 통해서도 밝혀졌습니다.[31] 또한 한 연구에 따르면 호기심이 조직, 리더, 직원에게 가져다주는 다양한 이점도 보고됐습니다.[32] 호기심이 자극됐을 때 사람들은 확증 편향이나 스테레오타입과 같은 고정관념의 영향을 덜 받게 되고 이는 대안적 사고를 촉진합니다. 창의적이든 아니든 모든 유형의 업무에서 혁신과 긍정적 변화가 일어납니다.

예를 들어 인시아드INSEAD의 스펜서 해리슨Spencer Harrison 교수 팀은 창의성이 높은 직원이 동료로부터 더 많은 정보를 얻고 이를 업무에 적용하여 고객 문제 해결에 창의성을 발휘한다는 사실을 발견했습니다. 이 연구는 호기심이 있는 직원이 더 창의적이며 스트레스와 도발에 대한 반응에 덜 방어적이고 덜 공격적이라는 것을 보여줍니다. 또한 호기심은 집단 내 갈등을 줄이고 구성원이 서로의 관점에 관심을 두게 함으로써 더 효과적이고 원활한 협업을 가능하게 합니다. 소통이 개선되고 팀 성과도 향상됩니다. 호기심을 증진한 그룹은 억제하는 그룹보다 더 나은 성과를 보였습니다. 이는 정보 공유와 상호 경청이 더 활발했기 때문입니다.

호기심에 관한 관심은 단순히 조직 내 소통을 넘어서 소셜 미디어 플랫폼에서도 두드러지게 나타나고 있습니다. 링크드인 조사에 따르면 2020년 이후 호기심이 중요한 대화 주제로 부상하고 있습니다. 또한 SAS 글로벌 분석에 따르면 지난 1년간 미디어 보도에서도 호기심이 주목받고 있으며 직장 트렌드 및 조직 이익과 관련하여 중요한 고려 요소로 인식되고 있으며 젊은 관리자들 사이에서 호기심의 중요성이 더욱 강조되고 있음을 보여줍니다. 젊은 관리자는 자신의 명성을 구축하고 기존의 것에 도전하며 세상을 변화시키고자 하는 열망이 있습니다. 이들은 상대적으로 경험이 많은 관리자보다 직원의 호기심을 더 높게 평가하는 경향이 있습니다.

호기심을 키우기 위해서는 새로운 관점과 아이디어를 찾기 위해 지속해서 노력하는 것이 중요합니다. 예를 들어 다양한 분야의 책을 읽거나 새로운 사람들과 대화를 나누며 다양한 관점을 접함으로써 호기심을 증진할 수 있습니다. 또한 일상적인 상황에서 '왜' 또는 '어떻게'와 같은 질문을 자신에게 던져보는 것도 호기심을 자극합니다. 일상 업무 중에 "왜 이 방법을 사용하지?" "더 효율적인 방법은 무엇일까?"와 같은 질문을 자신에게 던지면서 이를 해결하기 위해 추가적인 연구와 실험을 진행할 수 있습니다. 애덤 그랜트는 "의심하기와 다시 생각하기의 힘"이라고 표현하기도 했죠. 자기 생각과 행동을 주기적으로 되돌아보고 자신이 가진 선입견이나 고정관념에 도전하는 것도 호기심을 증진할 방법입니다.

필자는 1년에 한 번씩 가장 친한 친구와 동료에게 발전적 피드백을 적어달라는 요청을 합니다. 자유롭게 내가 개선했으면 하는 내용을 적어달라는 부탁과 함께 작은 선물을 보냅니다. 다만 주의할 것은 깊은 신뢰와 믿음에 근거해야 발전적 피드백을 받을 수 있다는 것입니다. 최근에 필자는 동료에게 "중학 님은 협업할 때 목적-결과 이미지-방법 등을 구체적으로 이야기하는 습관이 있습니다. 그런데 간혹 그 습관이 상대방이 생각할 수 있는 공간을 줄입니다."라는 의견을 받았습니다. 오랫동안 직장생활에서 익힌 습관이 오히려 협업에서는 상대방의 사고 자율성을 좁힐 수 있다는 것이었습니다. 이처럼 사고와 행동에 대해 자기반성과 성찰을 함으로써 새로운 호기심을 키울 수 있는 동력이 생길 수도 있습니다.

성장 마인드셋은 회복을 돕고 도전으로 이끈다

이렇듯 호기심은 개인뿐만 아니라 조직에 중요한 자산입니다.

호기심은 개인이 갖고 있는 태도이자 품성인데 그에 못지않게 중요한 게 성장 마인드셋으로 세상을 바라보는 것입니다. 마인드셋은 사람들이 자신에 대해 갖고 있는 자기 인식 또는 자기 이론self-theory입니다. 성장 마인드셋은 인내와 노력을 통해 능력과 지능을 개발할 수 있다는 믿음입니다. 자신에 대한 관점은 삶을 영위하는 방식에 영향을 미칩니다. 반면 고정 마인드셋은 성격, 지능, 창의적 능력이 변할 수 없는 고정된 것이라고 가정합니다. 성장 마인드셋은 헌신적으로 열심히 일함으로써 능력을 향상할 수 있다는 정신적 태도입니다. 실패할 때 좌절하지 않고 배움으로 받아들이는 마인드셋을 가진 사람들은 도전적인 문제를 시도하고 어려운 수업을 완성하며 개선을 목표로 연습하고 자신감을 느끼기에 좌절과 실수에서 회복할 가능성이 더 높습니다.

우리가 앞서 살펴본 대로 한국 직장인에게 중요한 만족 요인으로 성장 기회 가능성, 조직문화, 동료가 중요합니다. 더불어 직업 역시 성장의 기회로 인식되고 있습니다. 그러므로 성장 마인드셋으로 세상을 바라보는 것이 중요한 변화의 시작점입니다. 성장 마인드셋은 개발이 가능합니다. 표 「고정 마인드셋과 성장 마인드셋 표현」은 고정 마인드셋과 성장 마인드셋의 차이를 보여주는 표현입니다.

마이크로소프트에서 제안하는 성장 마인드셋을 키우는 방법으로는 작업이나 프로젝트를 진행하는 동안 마음가짐을 되돌아보기입니다.[33] 우선 잠시 시간을 내어 이전 상황에서 마음가짐이 어떤 영향을 미쳤는지 생각합니다. 또한 어려운 상황에서의 마음가짐을

고정 마인드셋과 성장 마인드셋 표현

고정 마인드셋	성장 마인드셋
실수하면 이 일을 할 수 없다고 생각함	실수를 통해 배운다고 생각함
필요한 기술이 없다고 생각함	기술은 개발할 수 있음
무엇을 하는지 모르니 포기해야 한다고 생각함	계속할 것이며 결국에는 알게 될 것임
실패는 내 능력의 한계라고 생각함	실패는 성장할 기회임
잘하는 것과 못하는 것이 정해져 있다고 생각함	원하는 것은 무엇이든 배울 수 있음
도전받는 것을 좋아하지 않음	도전은 성장하는 데 도움이 됨
잠재력은 미리 결정되어 있다고 생각함	노력과 태도가 내 능력을 결정함
좌절하면 포기함	좌절할 때 다른 사람의 도움을 구함
피드백과 비판을 개인적으로 받아들임	피드백은 건설적임
이미 아는 것에만 집착함	새로운 것을 시도하는 것을 좋아함
이상적인 동료는 내가 똑똑하다고 인정하고 존경해 줌	이상적인 동료는 내 결점을 인정하고 나를 개선하는 데 도움을 줌
다른 사람의 성공은 내가 실패했다는 의미임	다른 사람의 성공에 영감을 받음
성공은 우월성을 확립하는 것에 관한 것임	개인적인 성공은 최선을 다해 나아지려 할 때 발생함
결점과 좌절은 부끄러움	결점은 인간적이고 동기부여가 됨
현재 능력에 대한 피드백만 듣고 성장할 수 있는 정보는 무시함	지식과 기술을 확장하는 데 도움이 될 정보에 대해 매우 주의 깊게 들음

되돌아볼 수 있습니다. 가령 학교나 직장에서 경험했던 스트레스 상황을 떠올려 보세요. 스트레스가 많은 상황에서 다음과 같이 내면의 대화를 되돌아보는 것입니다.

"내가 사람들 앞에서 실패하면 어떡하지?"(고정 마인드셋)

"사람들이 내가 똑똑하지 않다고 생각하면 어떡하지?"(고정 마인드셋)

"새로운 기술을 배우게 되어 기대돼요."(성장 마인드셋)

"이 영역은 나에게 새로운 영역이지만 방법을 배우기 위해 스스로 적용할 수 있어."(성장 마인드셋)

"동료들이 저보다 경험이 많아서 다행입니다. 제가 무엇을 하고 있는지 알 때까지 동료들에게 조언을 구할 것입니다."(성장 마인드셋)

2023년에 필자는 송태경, 정진우와 함께 일반 인공지능 시대에 어떤 능력이 필요한지를 연구해서 발표했는데 과거에 채용과 성과를 내는 데 중요한 능력으로 믿었던 인지 능력은 인공지능이 가장 대체하기 쉬운 인간의 능력입니다. 인간에게 가장 필요하고 중요한 능력 중 하나는 애덤 그랜트가 저서 『히든 포텐셜』에서 강조한 개인 품성입니다. 필자는 호기심과 성장 마인드셋을 갖는 게 세상을 살아갈 때 필요한 중요한 렌즈라고 봅니다. 독서를 통해 호기심과 성장 마인드셋을 보인 독자분들은 이미 변화하는 미래를 준비하는 길을 가고 있다고 생각합니다. 이 흐름을 놓치지 않고 계속 나아가길 바랍니다.

어제보다 나아가는 개인과 조직이 중요하다

최선, 최상, 최고의 '최最'는 한자로 가장, 으뜸, 제일 등을 뜻합니다. 오랫동안 한국 직장인에게 최선의 노력, 최상의 결과, 최고가 되는 것은 중요한 가치였습니다. 빠르게 압축적으로 성장해 온 우리 경제와 사회를 돌이켜보면 '최'라는 가치는 성장의 비결이기도 했습니다. 여전히 최선, 최상, 최고는 중요한 지향점이지만 앞서 살펴본 대로 직장인에게는 '진進'이란 가치가 더욱 중요해 보입니다. '진'은 나아가다, 오르다는 뜻의 한자입니다.

인공지능이 더욱 발달할 미래에 우리는 일과 직업의 의미를 스스로 부여해야 합니다. 단순히 돈을 벌기 위한 수단보다는 성장과 가치 추구 대상으로서 일과 직업이 의미가 있을 것입니다. 지속해서 전진하고 개발하는 개인만이 가치를 만들어내며 살아갈 세상임이 확실합니다. 그렇다면 단순히 회사에서 경쟁자를 제치고 최고

다른 각도에서 보는 성장 곡선[1]

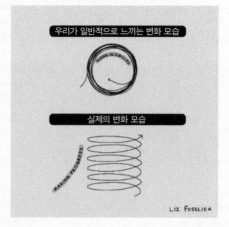

가 되는 것보다는 어제보다 또 과거보다 나아가는 개인과 조직이 중요해질 것입니다. 최보다는 진, 베터 댄 베스트Better than Best가 우리가 추구하는 가치여야 합니다.

그러나 많은 순간 우리는 "어제보다 나아졌을까?"라는 의구심이 들 때가 많습니다. 필자 역시 신입 사원 때 1년 차-3년 차-6년 차-9년 차에 걸쳐서 현재 하는 일과 소속 직장에 의구심이 들 것이란 한 선배의 예측을 기억합니다. 연차가 쌓일수록 '내가 여기서 성장하고 있는 게 맞는가?'라는 생각이 들기 때문에 그렇습니다. 그런데 돌이켜보면 성장은 시간의 흐름에 따라서 선형적으로 나오는 결과물은 아니었던 것 같습니다. 그림 「다른 각도에서 보는 성장 곡선」에서 보는 것처럼 제자리에서 도는 것처럼 보이지만 각도를 바꿔서 보면 분명 저는 성장하고 있었습니다. 그러므로 베터 댄 베스트를 추구하기 위해서는 성장의 방향성에 대한 이해와 믿음도 중요합니다.

우리는 지금까지 한국 직장인의 22만 건의 데이터와 여러 국내외 기업의 데이터를 분석하고 기계적 판단의 도움을 받아 지난 10년간 한국 직장인의 만족과 불만족의 요인을 찾아봤습니다. 더불어 코로나19와 챗GPT라는 질적 변화가 일으킨 우리 삶의 여러 가지 관념 변화를 데이터로 살펴보고 미래를 살아가기 위한 주요 키워드를 함께 알아봤습니다. 미래의 일과 직장의 변화 핵심에는 성장이란 키워드가 개인과 조직 모두에게 중요해질 것입니다. 일의 의미에서 성장과 기회는 중요하게 바뀌었습니다. 상사와 동료 역시 내 성장에 기여할 수 있는지를 우리는 주요하게 볼 것입니다. 또한 빠르게 변하는 일, 직업, 그리고 일하는 방식을 사례와 함께 살펴봤습니다. 엄청나게 빠르게 변화하는 속도에 불안감을 느낄 수 있지만 변화의 속도는 앞으로 급속도로 증가할 것입니다. 그러므로 우리가 할 수 있는 일은 변화의 방향을 인지하고 성장하면서 스스로 변화하는 것뿐입니다. 그런 여정에서 이 책이 성장이란 가치를 도모하는 데 도움이 됐으면 하는 바람입니다.

마지막으로 필자가 추구해 온 베터 댄 베스트란 가치는 늘 성장의 가치를 몸소 보여준 롯데벤처스 전영민 대표님, 국민대학교 김성준 교수님, 캘리포니아주립대학교 스티븐 교수님 덕분에 갖게 됐습니다. 그리고 성장의 풍토를 만들어준 사랑하는 아버지, 어머니, 장인어른, 장모님, 누나, 매형, 준우 덕분이며 탁월함을 위해 치열하게 살 동력이 된 은미, 소민, 용민에게도 감사 인사를 전합니다. 마지막으로 이 책이 나올 수 있도록 도움을 주신 클라우드나인 안현주 대표님과 임직원 분들에게도 깊이 감사드립니다.

독자 여러분의 베터 댄 베스트 여정을 응원하며 마칩니다. 감사합니다.

미주

서문

1. 대니얼 카너먼·올리비에 시보니·캐스 선스타인, 노이즈: 생각의 잡음, 김영 사, 2022

2. 애덤 그랜트, 싱크 어게인, 한국경제신문사, 2021

3. Ludy T.B.·Timothy A.C.·William R.S., Staying with initial answers on objective tests: Is it a myth?, Teaching of Psychology, 11(3), 133-141

1장 지난 10년간 한국 직장인은 언제 만족하고 불만족했는가

1. 신한카드 빅데이터연구소, 넥스트 밸류: 대한민국 가치의 대이동, 김영사, 2023

2. https://www.wsj.com/tech/ai/mba-students-vs-chatgpt-innovation-679edf3b

3. https://biz.chosun.com/industry/company/2023/08/23/RPJNVJXYOFDZ5DORF5HTVRT2O4/

4. Holger Reisinger·Paul Sephton·Dane Fetterer, Balancing Autonomy and Structure for Remote Employees, Harvard Business Review (May 13), 2022

5. https://www.mk.co.kr/news/special-edition/10836773

6. https://yolomovie.blogspot.com/2014/09/blog-post_27.html

7. https://www.youtube.com/watch?v=ter77uLZ6qs

8. https://www.aitimes.com/news/articleView.html?idxno=154761

9. https://github.com/searle-j/KOTE?fbclid=IwAR3Gw1GV6D9q0_Zt9-_5alwAlTOmutCrnJEu3tqQSzNTxO25VJ7j5SRVAEE

10. https://www.youtube.com/watch?v=eM-VmSwEU-I

11. Meehl P.E., Clinical versus statistical prediction: A theoretical analysis and a review of the evidence, University of Minnesota Press, 1954

12. 대니얼 카너먼·올리비에 시보니·캐스 선스타인, 노이즈: 생각의 잡음, 김영사, 2022

13. Richard F.D.·Charles F.·Juli S-Z.·et al, One Hundred Years of Social Psychology Quantitatively Described, Review of General Psychology, 7(4), 2003

14. Gignac G.E.·Szodorai E.T, Effect size guidelines for individual differences researchers, Personality and Individual Differences, 102, 74-78, 2016

15. 이중학·스티븐김·송지훈·채충일, HR Analytics 연구 및 활용에서의 가설 검정과 예측의 차이점: Assessment Center 사례를 중심으로, 조직과 인사관리연구, 44(2), 103-123, 2020

2장 직장 선택 기준은 어떻게 바뀔 것인가

1. Qualtrics EX trends 2023 Report.

2. Qualtrics The Destination Workplace Report.

3. https://www.donga.com/news/article/all/20230102/117247565/1

4. https://www.kihasa.re.kr/publish/report/research/view?seq=28005

5. https://m.khan.co.kr/world/world-general/article/202111220600031#c2b

6. https://www.hankyung.com/life/article/202209080879i

7. https://www.ipsos.com/ko-kr/global-happiness-six-points-last-year- 73-now-say-t hey-a re-happy

8. https://news.mt.co.kr/mtview.php?no=2023092615342088241

9. https://www.kihasa.re.kr/publish/report/research/view?seq=28005

10. https://worldhappiness.report/ed/2023/

11. https://www.kea.ne.kr/survey/read?id=36&no=N

12. https://www.trendmonitor.co.kr/tmweb/trend/allTrend/detail.do ?bI
    dx=1819&code=0402&trendType=CKOREA

13. https://www.seoul.co.kr/news/newsView.php?id=20230206
    500145&wlog _tag3=naver

14. https://www.forbes.com/sites/hollycorbett/2022/10/18/the-great-
    breakup-and-why-women-leaders-are-leaving-companies-at-
    higher-rates/

15. https://company.hunet.co.kr/Prcenter/News/Detail/3701

16. https://www.hankookilbo.com/News/Read/A20231130122
    50002368?did=NA

17. https://www.joongang.co.kr/article/24120703#home

18. 신한카드 빅데이터연구소, 넥스트 밸류: 대한민국 가치의 대이동, 김영사,
    2023

19. https://www.henley.ac.uk/news/2024/welcome-to-the-
    omniployment-era-new-research-from-henley

20. https://www.mk.co.kr/news/it/10828440

21. https://joshbersin.com/2023/11/the-four-day-work-week-an-idea-
    whose-ti me-has-come/

22. 사티아 나델라, 히트 리프레시, 흐름출판, 2019

23. https://www.glassdoor.com/blog/best-places-to-work-revealed/

24. 데이비드 무어, 경험은 어떻게 유전자에 새겨지는가, 아몬드, 2023

3장 코로나19와 생성형 인공지능에 왜 주목해야 하는가

1. https://www.mbn.co.kr/news/life/4937622

2. https://www.hofstede-insights.com/country-comparison-tool

3. https://www.bcg.com/publications/2020/people-solutions-response-covid

4. https://www.weforum.org/publications/ jobs-of-tomorrow-large-language-models-and-jobs/

5. https://www.hbs.edu/faculty/Pages/item.aspx?num=64700

6. https://www.mckinsey.com/mgi/ our-research/generative-ai-how-will-it-affect-future-jobs-and-workflows

7. https://www.biometricupdate. com/202401/new-marketing-for-worldcoins-iris-biometrics-proposition

8. https://it.chosun.com/news/articleView.html?idxno=2023061000730

9. https://www.4th.kr/news/articleView.html?idxno=2050653

10. https://en.wikipedia.org/wiki/The_Singularity_Is_Near

11. https://www.bbc.com/korean/articles/cld11p4vkr2o

12. https://arxiv.org/abs/2303.10130

13. https://economychosun.com/site/data/html_dir/2023/04/24/2023042400025.html

14. https://www.aitimes.com/news/articleView.html?idxno=156531

15. https://www.news2day.co.kr/article/20240123500129

16. https://www.the-stock.kr/news/articleView.html?idxno=19520

17. https://www.viva100.com/main/view.php?key=20240128010008865

18. https://www.youtube.com/watch?v=UNbyT7wPwk4

19. https://www.youtube.com/watch?v=MYygMVtxy6c

4장 코로나19와 생성형 인공지능은 직장생활을 어떻게 바꿨는가

1. https://www.madtimes.org/news/articleView.html?idxno=15205

2. https://www.facebook.com/business/news/insights/culture-rising-

2023-trends-report

3. https://brunch.co.kr/@officelady/160

4. Kris, The powerful correlation between the employee experience and business outcomes, SHRM2023, 2023

5. https://www.gartner.com/en/ human-resources/trends/top-priorities-for-hr-leaders

6. https://www.etoday.co.kr/news/view/2322815

7. https://www.hankyung.com/article/2021083093101

8. https://www.hankyung.com/economy/article/2022071083291

9. https://www.hankyung.com/article/202004274305i

10. https://kosis.kr/statHtml/statHtml. do?orgId=170&tblId=DT_170002_E034&conn_path=I3

11. 데이비드 로즈, 슈퍼사이트, 흐름출판, 2023

12. https://kosis.kr/statHtml/statHtml.do?orgId=380&tblId=DT_380002_L006_6T H&conn_path=I3

13. https://www.imf.org/en/Blogs/ Articles/2024/01/14/ai-will-transform-the-global-economy- lets-make-sure-it-benefits-humanity

14. https://hrbulletin.net/organizational-change/%EC%A1%B0%EC%A7%81%EB%B3%80%ED%99%94%EC%9D%98-%EC%84%B1%EA%B3%B5%EB%A5%A0%EC%9D%B4-%EA%B2%A8%EC%9A%B0-34-%EC%84%B1%EA%B3%B5-%ED%95%98%EB%9D%BC%EB%A9%B4-%EC%9D%B4%EB%A0%87%EA%B2%8C-%ED%95%98%EB%9D%BC/

15. https://www.chosun.com/site/data/html_dir/2019/06/03/2019060303041.html

16. 김성준·이중학·채충일, 꼰대, 한국기업 조직문화 차원의 탐구, 조직과 인사 관리연구, 45(2), 1-35, 2021

17. 김성준·이중학·채충일, 꼰대, 한국기업 조직문화 차원의 탐구, 조직과 인사 관리연구, 45(2), 1-35, 2021

18. https://w w w.gingertproject.co.kr/aec95cda-f9a0-42c6-a02d-5dde8cfd55ad

19. https://w w w.home-learn.co.kr/newsroom/news/A/1355

20. 제레미 마이어슨·필립 로스, 일과 공간의 재창조, RHK, 2023

5장 미래의 일하는 방식은 어떻게 바뀔 것인가

1. https://www.joongang.co.kr/article/25171142#home

2. 김영상 외, K-HRM: AI시대의 사람 관리, 경문사, 2023

3. 이정주, 생성형 AI, 2027년까지 마케팅 업무 30% 대체한다, 노컷뉴스, 2024.01.07.

4. 여성가족부, 2022년 경력단절여성 등의 경제활동 실태조사 결과, 2022

5. https://www.weforum.org/publications/the-future-of-jobs-report-2023/

6. Frey C.B.·Osborne M.A., The future of employment: How susceptible are jobs to computerisation? Technological Forecasting and Social Change, 114, 254-280, 2017

7. https://www.weforum.org/publications/jobs-of-tomorrow-large-language-models-and-jobs/

8. https://www.bok.or.kr/portal/bbs/P0002353/view.do?nttId=10080538&menuNo=200433

9. http://kssc.kostat.go.kr/ ksscNew_web/kssc/common/ClassificationContent.do?gubun=1 &strCategoryNameCode=002 &categoryMenu=007&addGubun=no

10. Hanh & Kim, Experience, experience, experience: Too much of a good thing for executive performance, Human Resource Development Quarterly, 33(1), 11-28, 2022

11. https://www.youtube.com/watch?v=0ORo_YD-dlE

12. 패티 맥코드, 파워풀: 넷플릭스 성장의 비결, 한국경제신문사, 2020

13. https://www.weforum.org/agenda/2023/10/sk i l ls-economy-what-is-it/

14. https://www.mckin sey.com/capabilities/people-and-organizational-performance/our-insights/right-skills-right-person-right-role

15. https://grow.google/certificates/

16. https://github.com/Significant-Gravitas/AutoGPT

17. https://chatdev.toscl.com/

18. https://openinterpreter.com/

19. https://www.etoday.co.k r/news/view/1473110

20. https://www.aitimes.com/news/articleView.html?idxno=156858

21. 임창환, 뉴럴 링크, 동아시아, 2024

22. Taifel H. & Turner J.C., The Social Identity Theory of Intergroup Behavior, Political Psychology, 2004

23. 매슈 사이드, 다이버시티 파워: 다양성은 어떻게 능력주의를 뛰어넘는가, 위즈덤하우스, 2022

24. https://www.chosun.com/economy/tech_it/2023/11/04/F6MXU XT5PVC65PFGVM4XW7OENI/

25. https://www.fnnews.com/news/202304031835140730

26. 이중학, 인공지능이 HR에 적용되기 전에 미리 고민해야 할 이슈, HR insight, 2023. 8월호

27. https://www.keis.or.kr/user/ extra/main/3874/publication/rep ortList/jsp/LayOutPage.do?cate240 goryIdx=130&pubIdx=7572&r eportIdx=5507&spage2=10

28. https://time.com/247/millennials-the-me-me-me-generation/

29. https://hbr.org/2021/09/unconscious-bias-training-that-works

30. https://mslearningcontent.microsoft.com/Understan dingUnconsciousBias/story.h tml

31. Lievens F.·Harrison S.H.·Mussel P.·Litman J.A. Killing The Cat? A Review of Curiosity at Work, Academy of Management Annals, 16(1), 2022

32. https://w w w.hbrkorea.com/article/ view/atype/ma/category_ id/8_1/article_no/1208

33. https://learn.microsoft. com/en-us/training/modules/develop-growth-mindset/4- differentiate-fixed-and-growth-mindsets

나오며

1. https://www.facebook.com/lizandmollie/

베터 댄 베스트 Better than Best

초판 1쇄 인쇄 2024년 7월 18일
초판 1쇄 발행 2024년 7월 25일

지은이 이중학
펴낸이 안현주

기획 류재운 **편집** 안선영 김재열 **브랜드마케팅** 이승민 이민규 **영업** 안현영
디자인 표지 정태성 본문 장덕종

펴낸 곳 클라우드나인 **출판등록** 2013년 12월 12일(제2013-101호)
주소 우) 03993 서울시 마포구 월드컵북로 4길 82(동교동) 신흥빌딩 3층
전화 02-332-8939 **팩스** 02-6008-8938
이메일 c9book@naver.com

값 19,000원
ISBN 979-11-92966-85-4 03320